“茅舍槿篱溪曲”

“门外春波荡绿”

踏上回归精神故里寻古探幽的旅程，

感受乡土的温暖与润泽，

体味精神家园的馨香。

U0964564

国家出版基金项目
NATIONAL PUBLICATION FOUNDATION

“十三五”
国家重点图书
出版规划项目

中国民间文化遗产抢救工程
THE PROJECT TO CHINESE FOLK CULTURAL HERITAGES

中国历史文化名城·名镇·名村丛书

中國歷史文化名城

河北满城

中国民间文艺家协会 / 组织编写
总主编 / 潘鲁生　邱运华
本卷主编 / 浩　渺

知识产权出版社
全国百佳图书出版单位
—北京—

《中国历史文化名城·名镇·名村丛书》总编委会

总 顾 问｜冯骥才

总 主 编｜潘鲁生　邱运华

执行总主编｜刘　超

委　　员｜潘鲁生　邱运华　侯仰军　徐岫鹃　刘德伟
王润贵　汤腊冬

《中国历史文化名城·名镇·名村丛书》河北省编委会

主　　编｜郑一民

副 主 编｜李世琦　杨荣国　刘　贤

编　　委｜*以姓氏笔画为序*

冯雪生　朱彦华　刘　贤　刘　萍　宇文敏
苏靖懿　李世琦　李晓阳　杨荣国　吴　桐
张书琴　金永强　周宝忠　郑一民　晏文光
路少河

《中国历史文化名城·河北满城》
编委会

顾　　问｜李　素　梁　民　商振华

主　　任｜吕占民　郄宝利　要彦伟

副 主 任｜尹桂苹　浩　渺

主　　编｜浩　渺

编　　委｜*以姓氏笔画为序*

王　川　史理广　安　宁　刘　超　杜　霞

张　贺　陈玉德　邵志斌　梁艳东　靳文亚

雷红兵

撰　　稿｜吴宝军

摄　　影｜张满生　雷红兵　薛双双　林长庚　陈振新

刘　乐　雅　俗　王国伟　梁爱民　颜丽媛

审　　校｜陈玉德　邵志斌

英文翻译｜赵　昱

中国民间文化遗产抢救工程
THE PROJECT TO CHINESE FOLK CULTURAL HERITAGES

中国历史文化名城·名镇·名村丛书

积聚海量信息 寻觅科学路径（序一）

邱运华

传统村落保护是当下中国文化遗产保护工作中最重要的社会性课题之一。对于一个具有绵延五千年不间断农业文明的民族来说，传统村落能否得到妥善保护更是一个文明能否传承的关键问题。

传统村落保护是当代社会发展的普遍问题，不独中国社会存在，西方发达国家存在，东方发达国家也存在。从世界范围看，这是一个国家从欠发达到发达、从农业社会过渡到工业社会、从以农村为主体发展到城镇化生活方式过程中普遍存在的问题。有学者把中国农村经济结构改造、社群建设、新文化建设和整体民生改善工作这一进程，追溯到 20 世纪 50 年代。但我以为，它毕竟不是我们现在所处的整体转向工业化、城市化进程中遇到的课题。中国社会同一性质的乡村保护课题，起源还是世纪之交的 2003 年 2 月 18 日“中国民间文化遗产抢救工程”。2012 年 12 月 12 日，住房和城乡建设部、文化部、财政部联合发布《关于加强传统村落保护发展工作的指导意见》，2014 年 4 月 25 日，除上述三部外又增加了国家文物局，联合发布《关于切实加强中国传统村落保护的指导意见》，两次重申传统村落保护的联合行动。冯骥才先生在 2012 年的一篇文章里把传统村落保护提高到文明传承的高度，我认为非常正确。中国社会各界对传统乡村保护的问题，有着非常积极的呼应。

中国是发展中国家，但是从东部、南部和东南部区域看，具有发达国家的某些特征。农村人口从西部向东部、从村落向城镇转移，是1990—2010年最重要的社会现象，这一巨大的人口变迁集中表现为城镇人口急速膨胀、传统村落急速空心化，不少历史悠久的自然村落仅仅剩下老人和儿童。因此，传统村落的保护在中国面临的问题，与发达国家相比，具有共同性。例如，从“二战”后恢复到工业化时期，德国和日本先后进行的村落更新或改造项目具有几个明显特征：一是以激发村落内部活力、发展农村经济作为前提，以改造农村基本生活设施作为基础展开；二是村落更新或再造项目以土地管理法令的再研究作为保障；三是建立了学术界论证、公布更新或再造规划、政府支持的财政额度及投入指向、个性化改造方案与村民意愿表达的有效沟通机制，有效保护村落历史文化、自然风景、公共空间与私人空间等要素。综合来看，先行的国家特别注重传统村落的“民间日常生活”保存问题。

所谓“民间日常生活”的具体含义是什么？乃指传统村落村民群体的方言、交往方式、经济生产活动、衣食住行、生老病死、教育、节日活动、传统风俗、民间信仰活动以及区域性的传统手工艺活动等，以及上述种种的精神性、思想性、文化性、艺术性和物质性表现形态。长期以来，中国传统村落之所以成为民族文化的保留者和传承平台，核心在于保存着这个民间日常生活，它的内容和方式，在民间日常生活的基础上，方可承载不同样式、层次的民族文化。

之所以在这里提出将“民间日常生活”作为传统村落的文化基础问题，乃是因为看到目前对待传统村落的两种观点具有一定的欺骗性，并不同程度地主宰和误导了传统村落的基本价值指向。一种是浪漫主义传统村落观，一种是商业主义传统村落观。浪漫主义传统村落观把传统村落理想化、浪漫化，仿佛传统村落是用来怀旧的，象征着一切美好的自然与人类的和谐，田园风光，日出而作，日落而息，男耕女织，像是《桃花源记》里的武陵源，“不知有汉，无论魏晋”。但是，这不是民间日常生活；民间日常生活还包含在落后生产力条件下的温饱之苦、辛劳之苦，是传统村落里百姓的生活常态；生产关系之阶级阶层压迫、政治强权和无权地位，以及在自然面前束手无策，在兵灾、匪患和种种欺男霸女面前的悲惨状态，甚至中华人民共和国成立以来出现过的政治压迫、思想禁锢和社会运动之灾，是乡村浪漫主义者无法想象的，而这，就是大多数传统村落的民间日常生活。文人雅士，在欣赏田园风光和依依炊烟之时，能否探入茅舍，去看看灶台、铁锅和橱柜，去看看大量农夫、农妇的身影，他们是否仍然饥饿、寒冷？或者他们的孩子是在劳作还是就学？商业主义传统村落观呢，则直接把传统村落改造成伪古典主义的模板，打造成千篇一律的青砖瓦房，虚构出一系列英雄史诗和骑士传奇，或者才子佳人和神异仙境的故事，两者相嫁接，转化为商业价值或者政绩价值，成为行政或市场兜售的噱头，这一行为成为当下传统村落“保护”的常态。这两种传统村落观，一个共同的特点是把村落与民间日常生活相割裂，抹杀了民间日常生活在传统村落里的价值基础，从而，也直接把世世代代生活于这一场景中的村民赶出村落，嫌他们碍事，妨碍了我们的浪漫主义和商业主义梦想；他们不在场，我们可以肆意妄为地文化狂欢。那些在民间日常生活中久存的精神性的、思想性的、文化性的、艺术性的符号，均不在话下。但是，假如村民不在场，社群活力不再，传统村落如何是活态的呢？西方哲学有一个时髦术语，叫作“主体缺失”，因为主体缺失，因而话语狂欢。

关注传统村落的村民，无疑是中国传统村落保护的第一要素。但恰好是人这第一要素导致了传统村落的凋敝和乡愁的产生。

1990—2010 年这二十年，一些区域传统村落里村民流动性的增强，特别是青壮年村民向东部、东南部和南部沿海地区季节性的流动，极大地影响了这些区域传统村落民间日常生活的展开，减弱了传统村落的社群活力，也相应减少了传统文化活动的开展。这样，构成传统村落民间日常生活的内容慢慢演变成淡黄色、苍白色，成为一种模糊记忆，抑或转化为一年一度的春节狂欢，最后，演变定格成为日常性质的乡愁。民间日常生活不再完整地体现在现在乡村生活之中。那个完整的民间日常生活，在我们不得不离开它的土壤之后，便蜕变为乡愁。乡愁这只蝴蝶的卵，就是民间日常生活。而伴随着乡愁这只蝴蝶而出现的，却是一个个村落日常生活不断凋敝、慢慢消失。乡愁成为我们必须抓住的蝴蝶，否则，我们的家乡便消失在块垒和空气之中，我们千百年创造的文化便无所依凭。然而，据统计，在进入 21 世纪（2000 年）时，我国自然村总数为 363 万个；到了 2010 年，仅仅过去十年，自然村总数锐减为 271 万个。十年内减少约 90 万个。若是按照这个速度发展下去，三年、五年之后，我们的传统村落便无踪无影了。也就是说，出生和成长在这些村落而现在散居在世界各地的人们，将无以寄托他们的乡愁。若是其中有的村落有几百年、上千年甚至更久远的历史呢？若是其中有的村落有着华夏一个独特姓氏、家族、信仰和其他各种人文景观等等呢？

越来越多的学者开始从事传统乡村保护的研究工作，例如《人民日报》2016年10月27日发表了《老宅、流转、新生》为题的介绍黄山市探索古民居保护新机制的文章，还配发了题为《古民居保护，避免“书生意气”》的评论；《中国文化报》2016年10月29日发表了题为《同乡村主人一起读懂文化传承》的文章，提出了“新乡村主义”的概念，在它的题目之下，包含有乡村治理、乡村重建和乡村产业化的多功能孵化等内容。为此，文章提出了“政府制定政策方向、标准化编列预算，聘请专家团队和NGO组织，进行顶层设计、人才培育、产业孵化和公共服务”四项基本措施，还配发了《莫让古民居保护负重前行》的文章。《光明日报》2016年11月15日发表了题为《福建土堡：怎样在发展中留住乡愁》的报道，记叙了专家考察朱熹故乡福建三明尤溪土堡的过程；记者报道了残存的土堡现状，记录下专家们的意见：政府与社会资本合作的“PPP模式”，面对乡村人口日趋减少的不可逆现实，应该吸引城市中的人回到乡村，将土堡打造为“民宿”，在不破坏现有形制的前提下，实现功能更新。也有专家提出，就保护而言，首先应该考虑当地人，人的利益是优先的，只有做到长期发展而不是只顾短期利益，文化遗产保护事业才能够持续发展，等等。

上述建议，已经超越了简单的乡愁情怀，而诉诸国家土地法规、资金筹措模式、专家功能实现等层次。应该说，在越来越深入研究、讨论的基础上，对传统村落保护的思路越来越宽了，为政府制定传统村落保护法提供了良好的基础。在国家立法的基础上，国家、地方政府组织专家开展普查，确认传统村落的级别，分别实施不同层次的激活、保护、开发，才有坚实的基础。

我理解，通过专家学者的普查、认定，得出的结论一定会有利于政府形成健全完备的保护方案和具体操作措施。一方面，对仍然有社群活力的乡村，实施新农村建设规划，改善其经济机制，改建生活设施，改善村民的生活条件，把工作重点聚焦到提高农业产业框架基础、为居民提供更好的生活环境、增强村庄文化意识、保存农村聚落特征上来。另一方面，为有着特殊文化传承却逐渐凋敝，甚至失去社群活力的乡村，探索一套完善保护的工作模式，形成一种工作机制，并得到国家法规政策的支持和保障，包括土地规划、投资体制、严格的环境保护，建立严格的农民参与机制等，为保留故乡记忆、记住我们的乡愁，留下一系列艺术博物馆、乡村技艺馆，产生具有独特价值的“乡愁符号”。

作为“中国民间文化遗产抢救工程”的重要项目之一，《中国历史文化名城·名镇·名村丛书》正是通过众多专家学者和民间文艺工作者辛勤的田野调查工作，在中国民协推动的“中国传统村落立档调查工程”所积聚的海量信息基础上，多学科、多视角地反映当下古城古镇和传统村落现状，发掘传统文化的独有魅力，进而为保护和传承优秀传统文化积累鲜活的素材，汇拢丰富的经验并寻觅科学的路径。相信这套丛书的出版将对古城古镇和传统村落的保护发挥积极作用。

2017 年 3 月

（作者系中国民间文艺家协会分党组书记、驻会副主席）

芬芳“乡愁”彰中华（序二）

郑一民

站在21世纪桥头，审视中华五千年文明，由历代劳动人民创造并守护的数以万计的历史文化名村、名镇、名城，堪称中华民族可以在世界上引以为豪的珍贵国家财富。在经济全球化、现代化高速发展，城市化进程汹涌而来的今天，保护历史文化名村、名镇、名城，不仅是时代赋予当代国人的神圣历史使命与责任，也是中华民族屹立于世界之林、实现伟大复兴的必然选择。

一个古老的村镇或城市，犹如一位饱经沧桑、阅世甚深的老人，既有深厚的文化积淀，又承载着世代子孙魂牵梦萦的“乡愁”。在古村、古镇、古城之前冠以“名”字，其历史文化价值更是非同凡响。她们所承载的物质与非物质文化遗产，既是传递民族血脉和熏陶锤炼民族美德、优秀品格的重要精神食粮，也是构建社会主义核心价值观和具有中国特色美好家园的重要基石。在我国现代化建设快速发展中，科学记录和保护历史文化名村、名镇、名城的人文历史、自然风貌和各种原生态信息，是一件功在当代、利在千秋的伟大事业，对研究、传承、弘扬、创新中国传统文化和实现中华民族伟大复兴，具有深远的历史意义和重要的现实意义。

探究中华文明之河，始于涓涓，终于浩浩。历史文化名村、名镇、名城就是其中的“涓涓”，数以万计的“涓涓”才汇就中华文明的浩浩大河。作为“涓涓”，每一个名村、名镇、名城虽有体量大小之别，但都是一个自然的社会单元。她们是历代先人适应自然、利用自然、实现“天人合一”的见证，也是创造文明、积淀文明、传承文明的家园。其保存的年轮印痕、光阴故事、人生观、审美观、习俗信仰和生产、生活、居住方式等，犹如一部部五彩缤纷的百科全书，承载着民族的历史记忆和文化基因，闪烁着民族的智慧与品格，慰藉着我们的心田与灵魂，涵养着泱泱中华。从这个意义上讲，历史文化名村、名镇、名城是中华民族物质与非物质文化最大、最重要的载体，保护名村、名镇、名城就是保护中华优秀传统文化。

著名文化学者罗杨在论述古村镇保护时说：“人类文明的进化不能没有积累和继承，历史的车轮可以碾过如梭的岁月，但不应拆毁我们心灵回归故里之路。”遗憾的是，在经济社会快速发展中，对古村镇和古城的保护还没有引起世人的应有关注和重视，致使不少古村镇和城市古街区在既无完整文字记载又缺乏图片记录的情况下，便在时代洪流中消失了。针对这种现状，中国文联、中国民协在全国实施了“中国传统村落立档调查工程”。在此基础上，我们在中国民协和河北省委宣传部的大力支持下，于2016年10月在全国率先启动了《中国历史文化名城·名镇·名村丛书》河北卷的编纂出版工作。

《中国历史文化名城·名镇·名村丛书》是由中国民协承担并在全国组织实施的中国民间文化遗产抢救工程重点项目之一，也是继中国民间文学三套集成之后在全国开展的又一项具有重要影响的浩大基础文化建设项目。河北列入这项文化工程的历史文化名村有 190 个、名镇 18 个、名城 12 个。根据编纂方案要求，我们将对每个历史文化名村、名镇、名城单独立卷，力求以质朴、简明的文字，图文并茂的形式，从历史学、社会学、民俗学、建筑学、文化学等视角，客观、准确、简洁、鲜活地记述名村、名镇、名城的历史与现状，阐释每个名村、名镇、名城独有的文化内涵与价值，彰显河北历史文化名村、名镇、名城特有的魅力与精彩，惠及当代，传之后世。为了使读者检索、查阅、研究方便，本套丛书在编纂过程中将以“中国历史文化名村河北卷”“中国历史文化名镇河北卷”“中国历史文化名城河北卷”三个系列问世。

家园需要呵护，硕果需要众人浇筑。完成这

项浩大的文化工程，需要数以百计的作者和知识产权出版社编辑们几年的奋斗，无论是田野调查拍摄还是梳理编撰，皆充满艰辛与探索。但耕耘者向来是不怕困难的，硕果会因此更香甜，社会发展会因这些成果更精彩，共和国文化建设会因大家的奉献更加炫目！

俗话讲，金无足赤。由于编者知识水平有限，又无前人研究成果可借鉴，书中谬误之处难免，敬请各位方家和读者批评指正。

2016 年 10 月 30 日

（作者系河北省民间文艺家协会主席）

中国历史文化名城·名镇·名村丛书

中国历史文化名城

河北满城 | 目录

022 引言

第一章
千年古邑　蔚为大观

032 西汉张苍封侯置县
034 历史沿革·县治变迁·地名特征
039 古河韵悠悠
042 古址育文化

第二章
古代遗存　历史回声

052 古建筑群
057 古桥梁·山门·石架

060 古塔·古寺庙·古戏楼
070 古镇
072 满城古八景
077 古墓葬
084 金石碑刻

第三章 福贤故地 名流辈出

088 帝王世家
090 名臣武将
101 文人雅士
103 逸民义士
106 栋梁英才

第四章 红色文化 赓续血脉

114 党的创建至土地革命战争时期
124 抗日战争时期
136 解放战争时期
138 抗美援朝时期

141 新中国建设时期

145 革命烈士纪念碑亭 · 烈士陵园

第五章
文脉流长　民艺飘香

150 民间花会

153 民间戏曲

157 民间美术

159 民间文学

162 民间益智游戏

165 非物质文化遗产

174 域内新节日

第六章
民间美食　守望乡愁

180 农林土特产品

184 传统美食

187 燕赵老字号

190 结语

Famous Villages, Famous Towns, Famous Cities of Chinese Historical and Cultural Series

The Chinese Famous Historical and Cultural City

Mancheng Hebei | Contents

022 Foreword

Chapter 1
A Thousand Years Old Town is a Magnificent Sight

032 Zhang Cang Granted the County in the Western Han Dynasty

034 Historical Evolution,Changes in County Governance, Toponymic Characteristics

039 The Charm of Ancient River

042 Ancient Sites and Culture

Chapter 2
Echoes of Ancient Relics

052 The Ancient Architectural Building Complex

057 The Ancient Bridge, Gate to a Monastery, Stone Frame

060 The Ancient Pagoda, Ancient Temple, Ancient Theater

070 The Ancient Town

072 Eight Ancient Sceneries of Mancheng

077 The Ancient Tomb

084 The Stone Inscription

Chapter 3
The Hometown of Sages and Celebrities

088 Imperial Family

090 Famous Officials and Generals

101 Refined Scholars

103 Loyal and Righteous People

106 Pillars of Talent

Chapter 4
Continuation of Red Culture

114 From the Founding of the CPC to the Agrarian Revolution

124 The Period of Counter-Japanese War

136 The Period of the War of Liberation

138 The Period of War to Resist US Aggression and Aid Korea

141 The Period of New China Construction

145 The Monument Pavilion for Revolutionary Martyrs and Cemetery of Martyrs

Chapter 5
Cultural Heritage and Splendid Folk Art

150 Folk Flower Fair

153 Folk Operas

157 Folk Arts and Crafts

159 Folk Literature

162 Folk Puzzle Games

165 Intangible Cultural Heritage

174 New Festivals in the Region

Chapter 6
Folk Food Keeps Watch Over Homesickness

180 Agricultural and Forestry Native Products

184 Traditional Cuisine

187 The Time-honored Brands of Yanzhao

190 Epilogue

引言

满城隶属河北省保定市，是闻名中外的“金缕玉衣的故乡”，以及“中国磨盘柿之乡”“全国优质草莓生产基地县”“全国科技先进县”“河北省文化先进县”“河北省群众性文学创作先进县”“中华诗词之乡”“全国体育先进县”，是华夏大地上有着悠久历史文化的千年古邑。今日满城，从西汉的北平县到南北朝东魏的永乐县、隋初的玉川郡（永乐县属之），尔后自唐天宝元年定名满城县，曾为河北省保定市辖县，2015年经国务院批复为保定市满城区，辖6个镇5个乡共计204个行政村。它一路走来，既古老，又年轻，承载着厚重的传统历史文化，意气风发地行进在新时代的快车道上。

满城地处北纬38°43′—39°07′、东经114°56′—115°32′，位于河北省中部、太行山东麓，满城区人民政府驻地满城镇，满城南距省会石家庄120公里，北距首都北京140公里，东距雄安新区70公里，北同易县接壤，南与清苑区毗邻，西和顺平县交界，东连保定市区和徐水区。域内有京赞（北京—赞皇）、张石（张家口—

↓ 亚洲第一渡槽——漕河渡槽

石家庄）、荣乌（山东荣成一内蒙古乌海）及保涞（保定一涞源）、保易（保定一易县）等公路穿过，还有京广（北京一广州）及保神（保定一神星）铁路过境，交通十分便利。全区总面积658平方公里，人口40万（截至2020年底）。地势西北高、东南低。西部和北部为太行山余脉，中部为山区和平原过渡带，东部、南部为山前冲积平原。域内河流属海河流域，大清河中支水系，域北漕河横贯，域南有界河穿过。“亚洲第一大渡槽”漕河渡槽位于域内。气候属暖温带大陆性季风区，除西北端山区外，均为半干旱类型区。

↑ 今日满城

满城历史悠久，商周时已有先民在域内要庄、夜借一带聚居活动。唐天宝元年（742），取西汉张苍封北平侯，“子孙满邑”之意而定名满城。旧县志载，满城在商代为有易部落，西周时属燕国，春秋时为鲜虞国、燕国地，战国时分属燕、赵。时有赵简子拒

↓ 满城汉墓

↑ 全国重点文物保护单位——张柔墓（元代）

↑ 全国重点文物保护单位——方顺桥（晋代）

燕筑城之说。西汉高祖六年（前201），以张苍征平臧荼有功，封北平侯，置北平县。此时北平城已设有冶铁官员，经贸繁荣可见一斑。自唐天宝元年（742）后，虽经朝代更迭，“满城”一名沿用至今。后晋开运三年（946）为泰州治所。金贞祐年间（1213—1217）蒙古军屠保州（今保定市主城区），保州治所迁满城。中华民国后，满城先后属范阳道（保定道）、河北省、晋察冀边区、察哈尔省。1949年8月隶属河北省保定专区。1958年为保定市满城区。1983年11月15日为保定市辖县。2015年4月28日，为保定市满城区。

满城域内有众多的自然景观、人文景观，具有鲜明的地域文化特色。满城汉墓、元蔡国公汝南王张柔墓、方顺桥、要庄商周遗址为“全国重点文物保护单位”。

河北省级风景名胜区抱阳山（也称花阳山），自隋代建定慧寺，唐宰相、“燕许大手笔”之一的张说张燕公创建了“花阳山书院”，该书院为唐代四大书院之一（出自《中国书院史》，邓洪波著，东方出版中心，2004年版）。五代时“四朝十帝”宰相冯道也曾游学于此。宋建继志庵，元建万寿寺、铁佛寺，明建华岩寺，清建至喜亭等。历代有张说、邵真、邢仲良、滕中、郝经、刘因、元好问、屠侨、倪象恺等文人学者游憩于此，留有碑记、石刻20余处并有诗文存世。元代元好问《续夷坚志》中记述了抱阳山中大青、小青双龙的神异并被上报朝廷，宋徽宗封其为崇惠侯、嘉沛侯，后又加封为灵益公、英泽公。清代纪晓岚《阅微草堂笔记》里也记述了抱阳山的神异。其他如曹仙洞、玉皇坨、龙门等，均有较丰富的文化内涵。

↑ 要庄商周遗址出土的夔龙纹簋

↑ 明代“抱阳山”碑

奇特的山水地貌和地域文化，必然孕育一方风流人物。郭隗，可称为中国历史上“招贤文化”的创立者。西汉时从汉高祖征平臧荼的张苍，孝文初为丞相，曾改定音律历法，年百余岁卒，后葬于满城城西，城南建有其祠。北魏散文大家杨衒之，今满城人，曾任北魏抚军府司马、期城郡太守，547年他重过洛阳，见佛寺等大半被毁，感慨而著其名篇《洛阳伽蓝记》，文笔秾丽秀逸，骈中有散，既是具有高度文学价值的史书，又是一部难得的佛教史料。金元时代的蔡真人，号湛然，曾得全真道龙门派创始人丘处机的口授真传，卒后由张柔奏本，赐号“真

↑ 万字灯阵

↑ 民间花会——高跷

↑ 未央古镇标志建筑

人”及“湛然江月”之号，留有《江月集》数十卷。

近现代则有刘宁一（中国工运杰出领导人）、罗玉川（新中国林业建设事业的开拓者和卓越领导人）、曹金月（革命烈士）、郭晓岚（世界著名气象学家）、谢臣（抗洪抢险牺牲烈士，被国防部授予“爱民模范”称号）……

久远的历史，辈出的人杰，古朴的民风，造就了满城文化的多元性。八卦灯阵（也称万字灯阵），是域内独具特色的民间艺术形式。渝河寸跷也是远近闻名的民间艺术奇葩。它起源于清初宫廷舞蹈，主要曲目有《茉莉花》《摘椒》《打秋千》《小五更儿》《四景》等。1989年，作家、现任中国文联主席、中国作协主席铁凝在满城挂职体验生活，她以南峪、翟家佐、东渝河的灯会、寸跷为题材，写成小说《灯之旅》首发于《人民日报》。神星吊画也是一种民间展示教育形式，在每年正月农闲时节展出，题材有三国、水浒故事人物。

抗日战争和解放战争时期，域内人们以戏曲、歌舞、花会等形式振奋精神，经常举办各种艺术交流。这一时期诞生出田野（《电影文学》主编、电影编剧）、孙福田（《狼牙山五壮士》作者、编剧之一）、王佩之（《战斗进行曲》作曲者）、苏有邻（参演电影《狼牙山五壮士》等）、王树梁（著有《山林支队》等长篇小说5部）等著名战士作家、艺术家。

新中国成立后，文化艺术百花齐放，异彩纷呈。1958年，河北人民出版社出版了《满城新民歌》。1978年以来，域内民间文化活动更是源自民间，盛于民间。各乡村、城镇社区、知名企业以秧歌队、武术队、戏剧社、老年书画会等形式，将民间文化融入当今满城民众的日常生活之中。1999年，中共河北省委宣传部、河北省作家协会将满城确定为全省唯一的群众性文学创作先进县，并在河北文学馆予以展示。2014年“中华诗词之乡”的创建，彰显了满城深厚的文化底蕴和开放、创新的胸怀。

跨入新时代的满城，正以饱满的热情和奋力进取的精神，聚力打造宜居乐业、厚德尚美的人民“满意之城”。

↑ 域内出版的图书

↑ 域内出版的图书

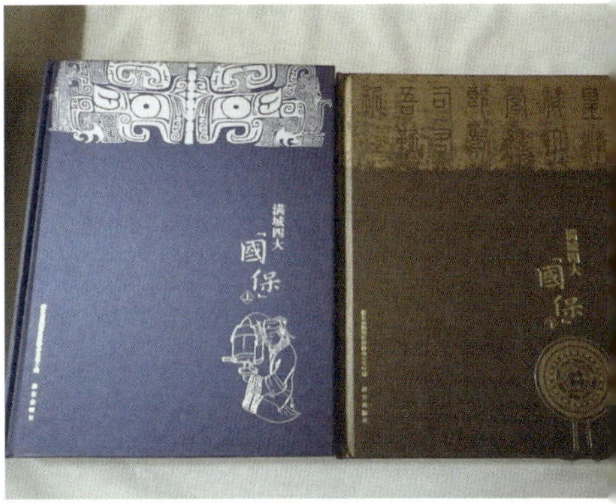

↑ 域内出版的图书

龙潭风景区下游之远达度假村大桥

满城历史悠久，商周时已有先民聚居。春秋后期赵简子筑北平城拒燕，形成满城古城的雏形。唐天宝元年（742），改永乐县为满城县，取西汉张苍封北平侯，“子孙满邑”之意。凭借着三千多年前的要庄商周遗址、近三千年前的古北平城遗址，以及两千多年前的西汉北平县、后晋年代的泰州（今河北保定市）治所、金贞祐年间的保州（今河北保定市）治所，满城这块土地闪耀着悠久灿烂的历史文化光彩。

↓ 满城第一高山——玉皇坨

第一章

千年古邑 蔚为大观

西汉张苍封侯置县

满城历史悠久，商周时已有先民聚居。满城历史上曾称北平、永宁、永乐、保塞等。“满城”一词最早见于唐天宝元年（742），改永乐县为满城县，取西汉张苍封北平侯，“子孙满邑”之意。明《弘治保定郡志》也载：高帝以张苍为常山郡，从军攻燕有功，封北平侯，子孙满邑，因以为名。“满城”一名自唐天宝元年至今已历1200余年。

张苍，西汉名相、阴阳历算家。原籍河南原阳。以荀子为师，李斯、韩非为同窗，贾谊为其门徒。公元前201年，张苍以代相征平燕王臧荼有功，封北平（今满城）侯，食邑1200户。这是满城置县的开始。

西汉初，萧何为相，张苍以列侯居相府，任计相，管理国家财政，任职4年，使国力渐强。同时，张苍发掘并创新因战争濒临失传的手工制造工艺，对西汉初的文化、历法等作出了极大的贡献。

↑ 张苍塑像

汉文帝四年（前176），张苍任丞相，历15载，主张废除盗铸钱令，开放国家所属的山泽丛林，允许私人开发，同时大力改革刑法，废除了原来砍足、割鼻等酷刑，废除了“连坐法”。张苍虽遭朝野诽骂，却使西汉社会经济实现了跨越式发展，奠定了“文景之治”的经济基础。

张苍修订校正《九章算术》，收集了246个数学问题，其中联立一次方程的解法，比欧洲同类算法早1500年，对世界数学产生过重要影响。

致仕后的张苍在封地北平安度晚年。汉景帝五年（前152）寿终，谥号“北平文侯”，葬于今满城西侧。县城南建有“北平侯庙”，清康熙四十六年（1707）重修，并立“故北平侯张苍故里”碣石。

↓《九章算术》（张苍校正）

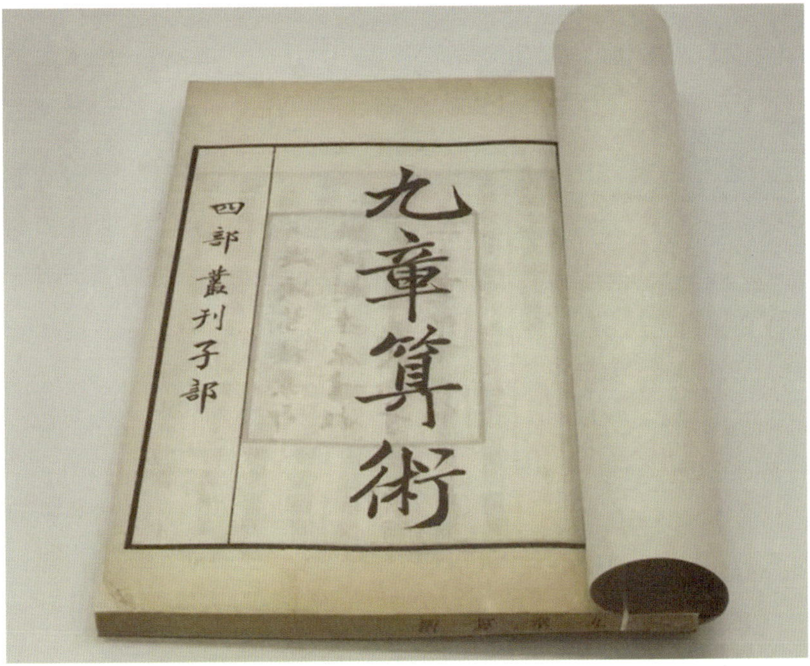

历史沿革·县治变迁·地名特征

历史沿革

古《满城县志》载，满城商代时为有易部落，西周时属燕国，春秋时为鲜虞国、燕国地，战国时分属燕国、赵国。

西汉高祖六年（前201），以张苍征平臧荼有功，封北平侯，置北平县，属中山郡。景帝三年（前154）改郡为国，北平县属中山国，当时辖今满城全部，顺五回山、狼牙山沿漕河而下的今易县南部。

东晋后，北魏太和元年（477），划北平县东域一部分析置永宁县，属瀛州高阳郡，北平县仍属冀州中山国。孝昌元年（525）后设置冀州北平郡，县属之。东魏兴和二年（540），划北平县西北域山区析置永乐县，属南营州乐良郡。北齐天保七年（556），废北平郡，北平县名移于蒲阴（今顺平县）。北周复移永乐治所于故北平县城。

↑ 1992年复立的“燕南赵北”碑

隋为永乐县，属冀州上谷郡。初时曾置玉川郡，永乐县属之。隋开皇三年（583）废玉川郡，永乐县仍属上谷郡。

唐天宝元年（742）改永乐县为满城县。

唐贞元十五年（799）八月，在易

州满城县置永清军。

后晋开运三年（946），徙泰州治所于满城县，满城县遂属后晋泰州。

宋太平兴国六年（981），割满城县南域归保塞县，属保州；宋景德年间，满城县北域即狼牙山以南地区并入保塞县。金大定二十八年（1188），由清苑县析置满城县，属中都路保州；贞祐年间（1213—1217）蒙古军屠保州，保州治所迁满城县。

元太祖二十二年（1227），保州等路都元帅张柔将治所由满城县迁回保州，满城县仍属保州，后属顺天路、保定路。

明初，满城县属保定府。洪武十年（1377）废满城县，将县域南部并入庆都（今望都县），北部入易州。洪武十三年（1380）于原满城县南部复置满城县，属北平行中书省保定府；永乐十九年（1421），明成祖迁都北京，满城县即属北直隶保定府。

清时满城县属直隶省保定府。

中华民国二年（1913），满城县属范阳道（保定道）。民国十七年（1928）废道，始属河北省，全县设6个区112个乡，计192个自然村。

1937年，满城县属河北省第一督察区；同年9月2日，日寇占领满城县。1938年5月，成立易满徐抗日联合政府，满城县属晋察冀边区冀西一专区。1939年1月，满城县抗日民主政府成立，属晋察冀边区一专区。1940—1944年，满城县先后属晋察冀边区三专区、北岳区三专区、北岳区一专区、冀察区一专区。1945年11月15日，改隶新成立的察哈尔省，先后属察哈尔省四专区、五专区及北岳区五专区。1949年1月复建察哈尔省，属易水专区；同年8

月河北省成立，改隶保定专区（同年8月9日建保定专区）。

1958年，完县、满城县合并，称完满县；同年11月废，满城县划归保定市，称满城区。1960年3月，完县、满城、清苑三区合称清苑县。1961年6月，清苑县析出，完县、满城合并，称完满县；同年底，完县析出，恢复满城县建置。1983年11月15日，保定市改为河北省辖市，满城县划归保定市辖县。2015年4月，为保定市满城区。

县治变迁

传说春秋后期赵简子筑北平城拒燕，此时北平城只是屯军防卫之所，这是满城古城的雏形。西汉高祖六年（前201）置北平县，县治在今城区北一公里处眺山脚下。北魏太和元年（477）析置永宁县，治所在今城区东北近徐水边界处。东魏兴和二年（540），增置永乐县，治所在县城西北鱼条山下。北周复移永乐之名于故北平县，县治在今城区北一公里眺山脚下。金大定二十八年（1188），县治在白塔院村（今满城城内村）。此后，县治无变动。明成化十一年（1475），城池始建为砖石结构，以后曾7次修葺。城周围长达四里余，高2.5丈，宽1.2丈，池深1丈，阔1.5丈，并附有敌台、垛口、敌楼、瓮城等建筑。南门匾曰“迎恩”，额曰“玉川古郡”；北门匾曰“拱极”，额曰“金汤重固”。自金大定以来八百余年间，明成化、正德、嘉靖、隆庆均代有增置，清康熙年间重修。自清咸丰后，原有敌楼、角楼、中心楼无存，仅南北二城楼、东南一角楼尚存，1938年因战争城墙被炸毁。1937年全面抗战爆发后，县抗日政府先后移驻于尉公、翟家佐、钟家店、岭西、南峪、石井等村。1945年9月，县抗日政府由石井村迁入城内村。1947年后，县政府又移驻柳家佐、石井、抱阳等村；同年7月6日，县政府迁回城内村。1958年6月，合并后完满县的治所在今顺平南腰山，旋即迁往今顺平县城；同年11月，称保定市满城区，区政府仍驻城内村。1960年3月，设清苑县（由清苑、满城、完县合并而成），治所驻满城城内村。1961年底，恢复满城县建置，治所驻满城城内村。

地名特征

有据可考，满城自商周时即有先民在此繁衍，已有三千多年的历史。在演变、形成过程中，早期以秦汉古村，中期以宋、元时代兵营驻扎、迁移，晚期以明代大宁都司所属卫所在域内屯田移民、清代繁衍建村为主要发展脉络，并与山形地貌、河流走向、本土历史相互渗透，形成独具地域特色的地名特征。

古村落地名较多　满城，春秋末期时即由赵简子筑城，至西汉置北平县时冶铁业已较发达，汉朝还专门派设了冶铁官员，由此可见当时满城一带已出现较为富庶的景象。据对全区204个行政村下辖的自然村初步统计，除9个暂无可考外，其余195个行政村中建于千年以上的有78个（其中秦汉时期的33个，隋唐时期的21个，宋金时期的15个），占自然村总数的40%，其中秦汉古村占自然村总数的17%；在一千年以下、五百年以上建村的有83个（其中元代建村的18个，明代建村的45个），占自然村总数的43%，其中明代卫所屯田移民村占已查自然村总数的23%；五百年以下建村的32个，占自然村总数的16%；仅有两个村建于民国之后，为老村迁出新建。也就是说，在统计、考证的195个自然村中，拥有五百年以上建村史的占83%。

古迹衍生的地名较多　满城域内颇多古迹，如西汉中山靖王刘胜葬陵山，沿途村庄即有“段旺（王）”“陵山”“守陵”之名；神星村南有巨型陨石两块，隔河相望，纪晓岚曾在《阅微草堂笔记》中予以记述，故以“神星”命之。

冠姓氏地名多　明朝永乐年间，大量卫所屯田官兵及家属迁入域内，多以移民大户姓氏为村名。章村因章氏迁来此地而得名，其他如要庄、韩村等，皆因此而得名。

↓ 抱阳山景观

古河韵悠悠

满城域内有漕河、界河、龙泉河、白草沟河等，均系大清河水系白洋淀上游支流。

漕河

古称“徐河”，汉时县邑段曾名“顺水”，亦称“大册河”“要庄河”。近代俗称“沙河”，流经域内38个村庄，河长28.8公里，域内汇流面积231平方公里，纳入的支流有北水峪、南水峪、白堡沟、马连川河等。其中马连川河昔称“康河”，昔时“清流如带，沿河稻田鳞错，桃杏成林，景致绝佳”。马连川河发源于域内赵庄六盘山，近旁有民间传说中八仙之一曹国舅成仙的“曹仙洞”，昔日曾有三清观、八仙宫、碧霄祠、三霄宫、蚕姑庙、真武庙等，20世纪90年代复建三清观，农历三月初三为朝谒会日。由于曹仙洞独特的石灰岩溶洞景观，衍生了众多的神仙传说故事，再加上周边山泉遍布，又形成独有的山泉传说，融汇而成本地的山泉神异文化。传说曹仙洞里有条把守洞门的地

↑ 漕河（大册河段）

↑ 曹仙洞

龙，被曹国舅点化后能幻化人形，曾到河南地界帮助闹旱灾的人们引水浇地，却分文不取。曹仙洞及周围的木兰溶洞、莲花山等也因此成为域内知名的旅游景区。

界河

商周时称般水、渝水，自车场村流入域内，又汇合域内山水，河道渐宽。主河道域内长度43公里，河滩最宽处400米，流域面积186平方公里。由于岭西以下堆积了厚厚的鹅卵石层，透水过滤性好，界河遂成为下游一亩泉水源区地下水的主要补给源，并且由此形成的“渝水伏流”成为“满城八大景”之一。界河自西向东蜿蜒而来，也孕育了许多关于黄龙、石人、柿树王、杨六郎大战石精等民间故事。相传界河上游玉皇坨上有黄龙寺，为魏文帝曹丕敕建；与龙相关的地名有九龙山、卧龙山、云龙山、龙居、龙堂、龙潭、望龙山等。那个黄龙长年栖身在一个天然的洞穴内，经常化作郎中为民诊病送药，又在天旱时兴云布雨，帮助乡亲渡过灾荒。后终因行为触犯天条，被玉帝拘于龙居南天门。再后得佛祖点化，于此继续为民广行善事。界河两岸漫山遍野的石头，在历史的演变过程中，也呈现出人性的光芒。界河岸边王老汉家中有两个儿子大虎、二虎，小哥俩每日给放羊的父亲送饭，总会给路边的大石人嘴里抹上点玉米粥，回来时再看，石人嘴上的粥总是不见了。一晃几年过去了，这天小哥俩刚要给石人嘴上抹粥，石人开口说话了，叮嘱小哥俩六月初三这天一定要到他的身边来。果然，这天下起了倾盆大雨，洪水把房屋都淹没了。小哥俩在石人的肩膀上渡过了危难。这些为民行善、知恩图报等朴素的品质，成为历代满城人生活中坚守的信条。

龙泉河为界河下游河流，还有蒲阳、七节、曲逆、金线等小河流汇入，河水渐丰。

白草河系界河下游的分支，在方顺桥通会闸分出，因河道内百草丛生，故名百草河，后以谐音“白”相代。古时水势较大，相传唐代时即为通航河道，宋、元、明、清时又有“漕运通保州（保定）”“运粮河”之称。沿途设有码头、驿站、邮铺，一派商贸繁荣景象。

↑ 一亩泉残碑座（康熙皇帝巡游驻满城，赐御书，后镌刻于一亩泉石碑）

一亩泉

源出满城界河，泉自地下涌出，方圆一亩，故名“一亩泉”。历史上曾是风景秀美的游览名胜区，有高楼广厦，僧室凉亭，曲径回廊，龙宫古刹，现已无存。今日一亩泉荷花细柳，玫瑰芙蕖，香飘十里。旁为宋代大儒程颐、程颢先祖所居之处，还有元初文人刘因故居，清代康熙、乾隆皇帝多次来游，并刻有碑记。解放战争时期，晋察冀军区四纵队发起南奇战斗，成为解放满城全域的标志。1986年7月，重建一亩泉烈士纪念碑，纪念南奇战斗牺牲的烈士。

↑ 一亩泉烈士纪念碑

古址育文化

要庄商周遗址

位于满城城区东北5.5公里要庄村西和村东，遗址为高台地，遗址东西长约1000米，南北宽约700米，占地面积约70万平方米。文化堆积层3—4米。断层上有灰坑、灶、炕、夯土层等遗迹。1977年6月，遗址内出土了大量文物，主要有陶器、石器、骨角料、蚌壳、动物骨骼等，还有爵、铲等铜器，为研究商周时期的政治、经济和文化的发展提供了丰富史料。

1982年，要庄商周遗址被河北省人民政府列为河北省文物保护单位。2013年5月，要庄商周遗址被国务院列为全国重点文物保护单位。

传说，要庄村西有两个方圆百亩、高约丈余的大土疙瘩，当地人称作“南城儿”“北城儿”，也有叫“土埋城儿”的。相传，西汉中山靖王刘胜带着家眷来北平县（今满城）定居，他的两个小舅子看中了要庄这块风水宝地，靠着搜刮民脂民膏，不到几年工夫就建成了两座美丽的城府，一座朝北，一座向南。这一年民间闹饥荒，可两个小舅子还逼着人们照常交租纳税，饿死的饥民到处都是。玉帝差天神访察，得知实情，便连夜遣天兵天将把两个城府埋了个严严实实，只露着靠城边的粮仓。第二天百姓

↑ 全国重点文物保护单位——要庄商周遗址保护碑

们早起一看，两个恶人早被憋死了！人们还听说，离要庄五里远的北边，出现了方圆几十亩的大坑。原来是天兵天将夜晚从那里借的土，那个村子从此就改叫“夜借”了。

要庄村西南相传还有罗成坟、罗成庙，当地流传着“淤泥河陷住了白龙马，乱箭射死了小罗成”的俗语。要庄村及周边村落素有崇古尚义的风习。要庄村西南有一口古井，因井台前有三棵大柳树，当地人称“柳树井儿”。四周围有九条古道，过往行人络绎不绝。井台旁有一个古旧的水梆子，供在此歇脚的人们喝口甜水。村里人还喜好戏曲。清乾隆年间，要庄村民要天民捐出三亩地，盖了一座戏楼，戏楼上雕刻着“八仙过海”“龙凤呈祥”“白蛇传”“吕布戏貂蝉”等戏出儿。看戏、演戏成了当地人农闲时的民间文化活动，走出了刁瑞花等戏剧名角。

夜借商周遗址

位于满城城区北偏东7.5公里的夜借村北。遗址为高台地，东西长300米，南北宽400米，占地面积约12万平方米，文化堆积层4米左右，与要庄商周遗址隔河相望。遗址有大量灰坑，并出土了鬲、豆、罐、盆、壶等。

1982年，夜借商周遗址被河北省人民政府列为河北省文物保护单位。

↑ 河北省文物保护单位——夜借遗址保护碑

要庄商周遗址出土文物

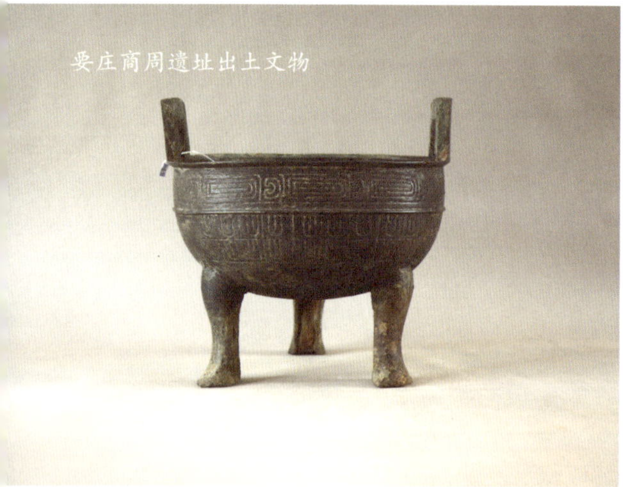
要庄商周遗址出土文物

古北平城出土的陶器

要庄商周遗址出土文物

要庄商周遗址发掘现场

要庄商周遗址
出土的骨器

要庄商周遗址出土的陶斧

↑ 古北平城遗址出土的石斧

↑ 古北平城遗址出土的“大吴”铭文残陶

↑ 古北平城遗址出土的云纹瓦当

古北平城遗址

位于满城城区北0.5公里处，北靠眺山，呈东北—西南走向。民国《满城县志略》载：“此城有内、外城，外城约有十里许，内城约有八里余，形似连环，名连环城。俗讹为莲花池。”现仅存城北长120米，高8米，顶宽12米，底宽24米的夯土城墙。单层夯土10—15厘米，夯宽直径20厘米。出土文物有石斧、铜镞、夹砂红陶鬲足、红陶片、灰陶片、青瓷片等。

春秋末期，晋国正卿赵简子在采邑（也称“采地”，是古代诸侯分封给卿、大夫的土地）眺山脚下“筑北平城以拒燕，是为北平命名之始”。此时北平城只是驻屯军队防卫的所在，并非行政区域的治所。进入战国之后，满城其域为燕国南部的边境、赵国北部的边陲，即所谓“燕南赵北”之地。在后来的两百多年，北平城一直是赵国北部的边防要塞。

至西汉，因张苍跟随高祖刘邦征伐燕王臧荼有功，于高祖六年（前201）被封为北平侯，这是“北平”作为县名的开始。此后历汉、魏、晋、南北朝、隋、唐、宋，无论县名如何变更，古北平城旧址基本是县治驻所（今满城城区之北、眺山之南）。明代曾建有赵简子祠，明代满城贡士王用儒撰《赵简子祠记》。

↑ 古北平城遗址出土的陶器

↓ 古北平城遗址

镶玉铜枕

玉印

铜铺首

羊尊形铜灯

铜说唱俑镇

铜博山炉

铜豹

铜鸠杖首

古代遗存是历史的馈赠，是地域文化的活化石。满城的城乡古建、古桥梁、山门石架、古墓葬，以及古塔、古寺庙、古戏楼、古景观、金石碑刻等，无不展现着这个地域先人们的勤劳智慧和创造力，展示着悠长久远的传承之美、民俗之美、艺术之美，是一方地域文化、人才成长的濡养之源。

惜这些遗址、遗物正在慢慢老去、消失，让人平添一份责任感、紧迫感。

↓ 方顺桥鸡心闸遗址（建于清乾隆十年）

第二章
古代遗存 历史回声

↓ 方顺桥鸡心闸遗址（建于清乾隆十年）

古建筑群

满城城区（古县城），自金大定二十八年（1188）在白塔院村（今满城城内村）筑城为县治，经历代修葺，至清代最为繁盛。县衙、文庙、关帝庙、城隍庙、龙王庙、古戏楼等古建，几乎一处连一处，整个古县城浸润在古朴、祥和、安宁的氛围中。

满城城区内还有赵简子祠、大觉寺、三清观、真武庙、邑厉坛、土地祠、马神庙、八蜡庙等。

孔庙

孔庙位于满城城区之东南隅（今人民广场北侧），亦称“文庙”，是元、明、清科举时代满城县的“学宫”，创始于元世祖至元二年（1265），以后历代修葺。孔庙有大成殿五间，重檐飞桷，甚为壮丽。周围是露台，围以汉白玉石栏。棂星门之南为泮池（半月形水池，为官学标志）、圜桥、云衢坊、育英坊（康熙朝建）、文昌祠。

北平侯庙

北平侯庙位于满城古县城南门外东侧，祀汉北平侯张苍，明弘治二年（1489）修。万历四十四年（1616），因水冲沟深，梁栋摧折，神像暴露，邑人、成都府同知张调元改建于旧基之东。康熙四十五年（1706），知县张焕重修，并立“汉北平侯张苍故里”碣石于通济桥北之路东以志之。该庙废毁，碣石在20世纪50年代尚存。

关帝庙

关帝庙亦称“武庙”，位于满城城区西部。始建年代不详，明正德五年（1510）、嘉靖十二年（1533）先后重修。初称“关王庙”，清代加封关羽为“帝君”后，改称“关帝庙”。民国四年（1915）废关帝像，并祀关羽、岳飞神主（木主、牌位），另配享古代名将牌位。今已不存。

城隍庙

城隍庙始建于元至元二年（1265），明万历元年（1573）知县申九峰增建前厦戏楼三间。清康熙五十年（1711），知县张焕捐资装行宫像（端坐八抬大轿中的木雕藤像），此后历年正月初二至十四，居民皆抬之出巡。民国十七年（1928），庙内偶像全部废毁，戏楼至20世纪50年代拆毁。

社稷坛

社稷坛是祭祀土地之神和五谷之神的地方，位于满城城区外西北隅一里余。计有土地15亩，明洪武二年（1369）建。成化十二年（1476），知县李思明重修。今已毁废。

先农坛

先农坛位于满城城区东南。清雍正四年（1726），知县禹祥年建。每岁仲春之亥日（一说迎春日），知县率属员诣坛虔祀，县官扶犁，农民终亩（仪式结束后，由农民完成一年耕作），俗称“打春”“打春牛”。今遗址无存。

乡村的古建民居

满城域内旧时多以土坯平房、石砌石板房居多，多是就地取材，结实耐用。在南峪村，有古戏楼一座。古戏楼中间，分前台和后台，前台4根立柱，中间两根间距很大，适合演出。古戏楼古色古香，四檐飞翘如翼。戏楼两侧有二门，名曰“出将”“入相”。在这类较大村落，有文化追求的乡民多建成固定的戏台，与村中供奉的神祇庙宇联系在一起，又称“庙台”。村民以请戏演出酬神的名义，集资请戏班，村中男女老幼都来观看。一般农村古戏楼宽6.6米，纵深7米。进深三分之二处设有辅柱，辅

↑ 砖饰

↓ 砖画

柱前无山墙，便于人们观看。

古戏楼对面是龙王庙，戏台演戏主要是请龙王观看。村人认为，戏楼为虎，龙王为青龙，虎踞龙盘，才能保住村中的太平。

南峪村的翠花楼，亦称“石门楼”，主要由隐峰、勾头过门、门墩、挑檐石、石匾等组成，饰以砖、石和木头雕刻。其图案为腾跃的双龙、鱼拱莲、蝙蝠捧寿等。石刻有坚挺、压挺、门墩、挑檐石等，刻有梅花、喜鹊等图案。石门墩上雕刻着狮子，底座是龙虎图案。

↑ 满城农家门楼

↓ 20世纪八九十年代满城乡村石板房

↑ 满城农家石板房

↑ 满城乡村门楼

古桥梁·山门·石架

↑ 方顺桥石栏上的石狮子

西晋古桥——方顺桥

方顺桥，曾名双凤桥、访舜桥，位于满城区方顺桥村，南北跨越方顺河（原名曲逆河）。方顺桥始建于西晋永嘉三年（309）。明嘉靖三十五年（1556），桥毁重修。方顺桥为三孔石拱桥，中孔较大，两侧小孔较小。桥体长32.8米，宽8.06米， 高8.96米，桥中孔净跨15米，两小孔各跨3.46米。桥身为花岗岩料石结构，拱券采用横向交错砌筑而成。桥面略呈拱形，由方石铺垫。方顺桥造型优美，意境浑厚，线条柔和，工艺精细，在中国建桥史上具有较高的科学研究价值。2001年2月7日，方顺桥被河北省列为省级文物保护单位。2013年5月3日，方顺桥被国务院公布为

↓ 方顺桥

全国重点文物保护单位。

传说，尧把王位禅让给舜，并把两个女儿娥皇、女英许配给舜。娥皇、女英看到人们过河辛苦，于是建了这座三孔石拱桥。人们为纪念娥皇、女英，把这座桥叫作“双凤桥”。后人为纪念尧的贤德，把这座桥又称“访舜桥”。

古时界河下游方顺桥段汇多条河流，水势汹涌。为防洪，将河流一分为二，向北经汇通闸流入白（百）草沟；向南经鸡心闸流入龙泉河。鸡心闸建于清乾隆十年（1745）。现存鸡心闸遗址总长50米左右，土围堰东西长10余米，宽度4米至10米不等，系用石块、白灰等筑成；鸡心垛以30厘米至40厘米厚的方料石垒砌而成，迎水面做成喇叭口状，以广纳来水；闸门西侧有绞闸石4个，东侧绞闸石已近损毁。

明代古桥——通济桥

明、清时的满城县城为正方形，周长仅两公里，只有南、北各设关口，城门上有城楼，四角有角楼，整座城池精致而规整。南北两关之外，各有石桥一座，南关外为石拱桥，北关外为平桥。

↑ 通济桥

南关外的石拱桥名叫“通济桥”，始建于明万历二十三年（1595），清康熙十三年（1674）重修。通济桥坐落在南城门外护城河兼行洪道上。桥北东侧原有石碑一通，上书“汉北平侯张苍故里”八个大字。四百年间，通济桥曾发挥过重要的交通作用。满城旧志记载，“无论居民出入，客旅往来”，

“都宪大臣，驻节边关，恒必由之”，“斯固南北之便路，而燕赵之通衢也”。随着时代的变迁和发展，至20世纪50年代，通济桥渐失其功用。

通济桥位于今人民广场西侧，已被封圈保护，成为域内稀少的保存完整的明代遗迹。

灵岩寺山门

位于满城城区北10.7公里的野里村南山腰上，是灵岩寺的山门。始建年代无考。明天顺四年（1460）重修。山门坐北朝南，砖瓦结构，单檐悬山顶，面阔与进深均4.8米，高5米。山门顶为五脊，内部呈钻尖形，无梁架，边墙厚80厘米。山门北竖青石碑一通，篆刻《重修灵岩寺山门记》，落款“天顺四年龙集庚辰季夏望日住山沙门悟明同张德福立石”。

石井石架

位于满城城区西7.5公里处石井村内西头一村民家中。石架坐北朝南，青石质料，由一长方形石板和三根石柱构成。石板长1.97米，宽1.1米，厚0.3米，中凿与水平面呈30°角的圆孔，孔径0.45米；三根石柱均高约3米，两根在北，一根在南，斜撑石板，石板亦微斜倾。在南面石柱的内侧阴刻楷书“正德十年正月□”，说明石架为明正德十年（1515）立。民间流传，石井石架为杨六郎（延昭）架刀枪的架子。今保存良好。

↑ 石井石架

古塔·古寺庙·古戏楼

月明寺双塔

位于满城城区北7.5公里、岗头村西1公里的月明山下，又称“月明寺墓塔”。岗头村西原有月明寺，现仅存2座墓塔，为月明寺两位法师之墓，分东、西墓塔。塔高分别为6米、7米。塔为伏钵式，塔身圆形，顶端圆锥形，砖木结构，由墓座、束腰、须弥座、相轮、塔身组成。东墓塔建于明成化年间，西墓塔建于明弘治年间，至今基本保存完好。

↑ 月明寺双塔

1986年，月明寺双塔被列为保定市市级重点文物保护单位。

古寺庙

满城有碑刻记载的寺院主要有隋代的抱阳山宝教院，唐代的庞村法明寺、段旺石佛寺、陵山普度寺、谒山回圣寺，金代的县城大觉寺、马村兴福寺，元代的紫口环山寺、黄村惠化寺。据清乾隆《满城县志》载，满城有寺庵佛寺55处，约每两村即有一处。至今域内寺庙几近毁损。20世纪80年代后，先后重建了陵山普度寺，抱阳山定慧寺、华严寺，杨家庄莲花山涌泉寺等。

陵山普度寺　位于满城城区西南1.5公里的陵山顶上，海拔236米。陵山为太行山余脉的孤山，坐西向东，普度寺依山而建。寺院下面即全国文物重点保护单位满城汉墓。相传一日刘胜登上凤凰山，见主峰居中，两峰如左辅右弼，三峰相连，形如坐西朝东的太师椅，又似筑有双阙的城堡，于是对随从说，自己百年之后就安寝在这座山上，山名也更名为陵山。主峰顶上的祠庙为刘胜的祠庙。可见，山顶早在汉朝时就有祠堂。唐贞观年间陵山顶建有普度寺，又称隆庆寺。至今还有唐代的残碑和瓦砾遗存。明代满城知县张宪有诗记述了陵山的环境，诗云：

陵山窟屼巨如舟，对冢累累何代丘。
西倚抱阳立翠壁，东抱鸡距涌清流。
野村近簇人家少，林落高悬僧寺幽。
吊古顺魂今在否，无边草木自春秋。

清乾隆年间更名为兴隆寺，当时寺院大盛，僧侣众多，香火旺盛。

↓ 陵山普度寺（复建）

民国年间，寺院被毁。

1990年，经满城县民族宗教局批准，在陵山山顶原隆庆寺的旧址上建起了普度寺。普度寺坐西朝东，占地9520平方米。寺院建筑布局严整，轴线对称分布。中轴线上从东往西依次为山门、天王殿、大雄宝殿、十方菩萨殿、千佛塔。山门两侧为坐东朝西的寮房5间。南侧的建筑依次为寮房、祖师殿、观音殿、斋堂。北侧的建筑依次为五观堂、伽蓝殿、地藏殿。总建筑面积1573平方米。

抱阳山寺院群　位于保定市西25公里、满城城区西南4公里处。抱阳山景区是河北省省级风景名胜区，景区内“气暖山无雪，天寒树未秋”，草木葱茏，花香四溢，青山碧树浑然一体。抱阳山名胜古迹繁多，寺院遗迹遍布，形成以佛教为主的抱阳山文化。隋代建定慧寺（宝教院），唐代张说增修石堰，广辟寺地，建成圣教寺。寺左有抱阳南轩，寺东建东崖书院，辟五经堂、进士堂等，皆张燕公读书处。历任五代十国时“四朝十帝”的宰相冯道亦于此读书。宋邢仲良父子建继志庵；元建万寿寺、铁佛寺；明重建定

↓ 抱阳山寺院图

慧寺、创修华岩庵；清康熙年间在山阴龙角洞前建至喜亭，洞上建朝阳庵等。可惜这些古建筑，大多年久失修，或毁于兵燹，或自然坍塌，现仅存遗迹。抱阳山仍有历代古碑20余通，其中，宋元丰三年（1080）《重修相公堂记》碑较为珍贵。元至元年间有显公大禅师德行碑、迁公大师德行碑，明弘治年间重修抱阳山定慧寺碑，元学士郝经、刘因等人的题词诗赋等均保存完好。

↑ 抱阳山碑廊

唐代有张说、邵真，宋代有滕中，金元有郝经、刘因、元好问，明有保定知府屠侨，清有倪象恺等文人学者游憩于此，并有诗文存世。

定慧寺　也写作定惠寺，旧址在抱阳山上。原名“宝教院”，为隋开皇年间所建，后因唐朝张说年少时曾在此寺旁读书，赶斋饭度日，居官后为感谢寺中恩德，将寺院扩大修葺后改名为“圣教寺”。

定慧寺历史悠久。据唐代文学家邵真《易州抱阳山定惠寺新造文殊师利菩萨记》碑载：“恒北山之镇也，易朔门之冲也。山形东下，万岭相属，得抱阳之一峰，岌然孤标，对引双翼，前面豁向，阳光抱中，故以抱阳名山。山有定惠寺，建于隋开皇，成于今大历。左有精舍，上有宝坊，凭岩架壑，崛起堂殿。岩石为趾，飞空构梁，回廊盘蹬，层阁郁峙……新罗真子曰谈藏浮海而至，止于山间，回回向悬到，发其诞愿，乃于寺内建文殊师利菩萨堂焉。”据宋代文学家滕中《重修相公堂记》碑文记载：“寺有堂曰张相公堂。相公者，唐之张燕公也。燕公讳说，开元之贤相，布衣时，肄业于此山。今寺之东岩书院，乃其所也。”唐朝著名丞相张说，年轻时曾在定慧寺东岩（崖）书院读书，做官后为报答该寺，扩建寺院，在原石廊东侧创建相公堂，并塑汉白玉石像一尊。至宋景德年间，“殿庑颓老，不修，广者日隘，崇者日卑，昔之壮丽，仅存遗迹”。宋真宗大中祥符至天禧年间，时任保塞左领军卫将军的邢仲良重修相公堂，使“寺之殿堂、廊庑、龛像，一一增而新之”。据明《重修抱阳山定慧寺》碑文记载：“定慧禅寺之设，其来尚矣，肇于隋之开皇，盛于唐之开元，而重建于宋之景德，迄于金复

↓ 定慧寺（复建）

修。”到明朝弘治年间，因“岁久日深，屡罹兵燹、霖涝之虞。昔日之盛者，日以衰而将至于圮矣。门垣殿宇，已为断础残墉。虽佛像仅存，亦日就倾颓”。后来，僧人园显到寺院任住持，偕同僧人洪泰、洪德等率僧众“除草莽，理墙垣，采木于山，陶灰于穴”，重修定慧寺。当时，寺院占地百余亩，建有大殿9间，寮房数十间，规模相当可观。“设禅刹，浚龙池，列山门，殿宇巍峨，金碧辉煌，塑画雕刻之制，炫耀人目，无复昔之简陋矣。”又经历了五百年的风风雨雨，到民国时期，寺院建筑已尽毁坏。

21世纪初，又在山脚建起了定慧寺。经过5年的建设，寺院初具规模。现在寺院占地十余亩，建有山门、钟鼓楼、天王殿、大雄宝殿、东西配房，另有西跨院僧舍、念佛堂、斋堂等，总建筑面积1080平方米。

涌泉寺　位于杨家庄村北莲花山，因该寺旁有泉水而得名。涌泉寺始建年代不详。据《重建莲花山涌泉寺药王殿龙母宫碑记》载，涌泉寺重修于明朝正德七年（1512），有正殿三楹，址界山腰，香火鼎盛，甲于一方。清乾隆二十三年（1758），台鱼村侯允和奔走募化，将距寺数十步的旧药王祠移于该寺西庑，又于寺东侧建龙母宫，并列于寺中。栋宇崇隆，榱桷翼如，钟鼓锡杖，冠佩森如，此寺院成为佛道同院。涌泉寺于20世纪被毁，2002年重建，建有正殿三大间，供奉释迦牟尼佛、药师佛及弥勒佛。另有斋堂、客堂、僧舍等。

大觉寺　位于满城城区西北隅。该寺于金天会年间由僧圆宗首创，初为小庵，奉养其母。其后，僧惠圆于金大定年间为世宗（完颜雍）之亚母拓展寺院，以为功德，诏赐“大觉禅寺”匾额。承安初年（1196），僧祖谦塑诸佛、菩萨、罗汉像。既而，又建大殿、钟鼓楼、方丈室、僧舍、蔬圃等。其后院右侧有古塔一座，为创寺僧圆宗的舍利塔。元末毁于兵灾。

明洪武初年（1368），于旧址更新，易名“大觉寺”。满城县僧会司置于该寺，主管全县僧寺。正统元年（1436）僧会（僧官）学端、弘治五年（1492）僧会想真，皆有兴建。正德十二年（1517），僧会想宏、想来及满城人徽州知府南寿之宗叔义官南湖重修。大殿、山门、方丈及诸佛、菩萨、罗汉像焕然，丽饰而巍雄，至嘉靖八年（1529），历时13年告竣。昔为数椽小庵，一僧之室，而今则“制拟王宫”。该寺至清末为满城县僧会司驻地。清光绪二十八年（1902），满城县知县吴烈施行新政，废寺改建学校。光绪三十四年（1908），将满城县立高等小学堂由南大街迁驻大觉寺。至2010年前后一直为学校所在地。该寺历经金、元、明、清四代，历时780年左右始废。

玉川寺 位于杨家佐村（原升贤村），寺在高台之上，为一套四合院，因供奉佛、道、儒三教始祖释迦牟尼、老子、孔子，俗称“三教堂”。筑有三殿及住持寮房、山门、八角亭等。东为孔子殿三楹，配祀其著名弟子。北为释迦牟尼殿，西为老君殿。《满城县志》载，该殿为蒋攸铦幼年读书处。蒋原籍浙江，其祖随清军入关，隶汉军旗。乾隆时进士，历任编修、学政、道员、按察使、布政使、总督等职。道光三年（1823）任直隶总督，并授体仁阁大学士，后晋太子太保、太子太傅等。玉川寺内清幽，为一邑之胜。东门南侧的八角亭有很多古人题咏，登亭眺远，怀抱旷然。清光绪二十八年（1902），施行新政，毁寺建学堂。

兴福寺　位于东马村，创建于金明昌六年（1195），明嘉靖九年（1530）重修。清康熙四十三年（1704），满城县知县张焕莅任后，往返于郡城保定时，途经东马村西之废刹兴福寺，见僧室荡灭，住持无存，香火断绝，钟鼓寂然，瞿昙法王色相剥落，莲台萎于苦雨，狮象暝于凄风，遂捐俸金重修殿堂、僧舍、墙垣、钟鼓楼、山门、彩绘神像，整旧复新，历年余竣工。该寺毁于清末。

五龙圣母祠　位于翟家佐村北莲花山上。始建年代无考。明万历二十年（1592）、清光绪十二年（1886）重修。五龙圣母祠坐西朝东，单间硬山顶，砖、木、瓦、石结构。面阔3.8米，进深5米，高3.5米，建筑面积19平方米。祠内绘有圣母画像，两厢墙绘有风俗画。祠内、祠后有水井两口，水清见底，甘洌爽口，四时不竭。祠前竖碑两通，均为修祠碑，祠前山墙镶古碑一通，为老贾寺护林碑（此碑建于清康熙四十九年。老贾寺又名白莲洞老贾庵，住持尼僧来金迫于当地砍伐山林、偷摘柿果的行为，依靠官府制定了保护周边山林的告示，并刻碑以存）。

古戏楼

钟家店戏楼　位于钟家店村，清光绪三十二年（1906）建。至今保存完好，仍为村民演戏游乐之所。戏楼坐南朝北，面对寿圣寺，建于台基上，台基东西长9米，南北宽8.4米，高1.25米，四周均以石砌墙，中间夯土。戏楼系砖木结构，单檐硬山顶，面阔7.88米，进深7.2米，木梁7架，擎柱12根，前檐有护板和木雕垂花檐。前为舞台，后为化妆室，台前有广场。戏楼西墙镶石碑一块，长

87厘米，宽52厘米，碑文记述捐资建戏楼的账目和主建人姓名。落款："大清光绪三十二年岁次丙午仲夏镌"。

眺山戏楼 位于眺山东山脚下。原为眺山奶奶庙前戏楼，民国九年（1920），曹锟重建。戏楼坐南朝北，面对奶奶庙，台基高1.1米，属单檐悬山顶建筑，梁7架，擎柱12根，木结构，瓦顶。面阔三间8米，进深三间8米，明间宽3.2米，前边擎柱为石柱。戏楼造型美观，古朴高雅，结构严谨，堪称建筑精品。

1916年，曹锟任直隶督军后，驻防保定，年近55岁尚未得子，每逢四月初八即携夫人到眺山奶奶庙焚香祈子。1917年冬，曹锟请算命先生算卦，算命者告知曹锟："先生即将双喜临

↓ 眺山戏楼外景

门。”曹问何喜，算命者称：“此乃天机，不可泄露，时到即验。”1918年春，曹奉北洋政府令，率师攻打湖南。时隔不长，占据岳阳，又生儿子，还升任川粤湘赣四省经略使。曹春风得意，为报奶奶神“赐子”之恩，1920年还愿重修眺山奶奶庙，并参照全国最好的庙宇戏楼重新建奶奶庙前戏楼，戏台面积与今剧场相似。从此，庙会更加兴旺，香客朝山膜拜，许愿、还愿者络绎不绝。保定城内居民借此登山进香，高达3里余的眺山，人群从山下蜿蜒到山顶寺庙，多步行而来。保定平日夜12时关闭城门，眺山庙会期间，曹锟特许西城门彻夜不闭。有的香客数步一跪拜，直拜到山顶寺庙神前。

↓ 眺山戏楼房檐

古镇

九省通衢之陉阳驿

陉阳驿位于满城城区南部，原称陉阳店，旧有京城通往京南各省的驿路穿过，“路当九省通衢，皇华冠盖，络绎沓至”，是古时重要的国家交通大道。

明代以后，又在此设置驿站，置有公廨、察院、馆舍、马神庙、戏楼等设施。明、清两代，均设专职官员负责管理，平时备有专用驿马100多匹，马夫30余人，用以传递政令和公文，成为县域南部非常重要的集镇。大道两侧开办客店、车马店、酒馆、饭铺等，交易红火，商贸繁荣。

清朝末期，京汉铁路修通后，陉阳驿作为驿路的职责功能日渐消退。

↑ 方顺桥车站（建于清朝光绪年间）

清巡检官署所在地之方顺桥

方顺桥，建于晋永嘉三年（309），中国古代石拱桥之一，位于满城城区西南侧。由于方顺桥横跨村庄，该村名为“方顺村”。其地“为秦、晋、河、洛、楚、蜀、滇、黔、西粤诸省”通往京城大道的“轮蹄不息之所”。因又处在县域西南，故清代于该村设有巡检官署（为县令属官，管理县域西南部诸村事务），穿古桥而过的官道上建有方顺桥铺，设钟楼、茶棚（亭），便利过往行人。村中还建有义学、魁星阁，官办的救济贫困老弱的“留养局”。清光绪三十二年（1906）京汉铁路建成之后，在方顺桥设车站一座，使得方顺桥更加繁荣。

1960年前后，设在方顺桥的区级建置撤销，方顺桥站也迁至完县（今顺平县）界。

↑ 方顺桥鸡心闸遗址（建于清乾隆十年）

↓ 方顺桥车站（建于清光绪年间）

满城古八景

陵山异迹

陵山位于满城城区西1.5公里处，即满城汉墓所在之山。据《满城县志》记载，距抱阳山东北三里有山不高，形如巨舟，与他山不连，为陵山。山巅有一亩石，石上有足印，累累大小不一，宛如人所践履，俗传为仙人足迹，故称“陵山异迹”。

眺山春色

眺山位于满城城区北2公里处，山势高耸，独立而生，西部群山为之屏障，可御西风之寒，山阳气温愈暖，知春为先，可览初春“弱草离离着异花，小桃树底蜜蜂衙”之胜。登高远眺，景色尽收眼底，故曰眺山。《满城县志》载，眺山山势巍然独立，可远眺，春和景明，望之蔚秀。眺山古迹甚多，山顶上有元代北岳庙，北坡有观音祠，山下有蚕姑庙。

玉峰耸翠

玉峰即玉山，位于满城城区西北6公里处，因山多白石如玉，所谓燕石次玉也。满城县域几无高山，玉山则为满城较高者，故谓“玉山势极崔嵬”，山峰如火形锐上，如树叶，又名树叶尖。秀丽的山峰插入云汉，山下仰望，白云浮游于翠叶间，成为满城西北诸峰独胜之景观。

紫口晴岚

紫口位于满城城区东北11公里处，一名环山。日出之际，可览“一抹朝氛横匹练，半空晴翠弄游丝”之美景。雨霁乍晴，岚风耀彩，雅有胜观。

渝水伏流

渝水即渝河，位于满城城区西7.5公里处，上游为界河，至渝河村称渝河，界河流至西渝河村伏流入地下，从一亩泉涌出，复而为河，称一亩泉河。相传，古时西渝河村西头的水井，水桶掉在井内即被潜伏流动的水冲走，并能隐约闻地下水流声，第二天可至一亩泉边捞取掉下的水桶。

↓ 渝水伏流

玉峰耸翠

玉峰耸翠

陵山异迹

陵山云海

龙洞云封

龙洞云封

龙洞位于满城城区西南5.5公里的抱阳山主峰。有洞外阔内狭，自然分岔，称“龙角洞”，俗称“牛角洞”。涓涓细流，溢于山谷，时有云雾涌出，故称“龙洞云封”。

鸡距泉涌

位于满城城区东6公里的夏庄附近，鸡距泉有数窦，不假人工，喷涌而出，形如鸡距，故称“鸡距泉涌”。明嘉靖年间，掘泉栽稻，形迹渐销。

贤台夕照

位于满城城区东10.8公里的贤台村，原有高大台基，台基上建郭隗祠，系燕昭王为郭隗所建黄金台，于此招贤纳士，遂有乐毅、邹衍等义士来燕助昭王中兴。日月流逝，夕阳返照金台，烟霞相映，使人不禁念起战国故事，成为人文一景。

古墓葬

满城汉墓

满城汉墓位于满城城区西1.5公里的陵山主峰东坡上，系西汉中山靖王刘胜和夫人窦绾之墓。1968年5月，解放军某部在陵山施工，意外地发现了这座汉墓的通道，经周恩来总理批示后，中国科学院考古研究所及河北省文物工作队进行发掘。著名考古学家郭沫若专程莅临考证，确定为西汉中山靖王刘胜的墓穴。尔后，于刘胜墓北侧发掘出其妻窦绾之墓。

↓ 满城汉墓全景

↑ 刘胜墓墓道

↑ 刘胜墓内的文物

↑ 金缕玉衣

据《史记》和《汉书》记载，刘胜系汉景帝刘启之子，汉武帝刘彻的异母兄长。汉景帝三年（前154），被封为第一代中山国王（满城汉代时称北平县，属中山国）。刘胜卒于汉武帝元鼎四年（前113），在位42年，葬于满城县陵山。另据《三国志》记载，刘胜系蜀汉昭烈帝刘备的先祖。

墓室系开凿山岩而成。刘胜墓（又称靖王墓）全长51.7米，最宽处37.5米，最高处6.8米，容积2700立方米。墓室的结构是经过精心设计的。墓室顶部呈拱形，室壁呈弧形，没有直壁和直角交叉的形式，这种结构确保汉墓至今保存完好。墓室布局完全模仿地上的宫殿建筑，由墓道、甬道、南耳室（车马房）、北耳室（库房）、中室（宴宾、饮酒、作乐的前堂）、后室（放置棺椁及浴室）等6个部分组成。从出土情况观察，刘胜墓的甬道、南耳室、北耳室和中室，以及窦绾墓的中室，原来在岩洞内还建有瓦顶的木结构房屋，后因木料朽坏而倒塌。两墓的后室，都是在岩洞中用石板建成的石屋、主室和侧室三部分。主室象征内寝，内置汉白玉石铺成的棺床，上置棺椁。主室南侧的小侧室象征盥洗室。墓内有完整的排水系统。窦绾墓和刘胜墓大体相同，全长49.7米，最宽处65米，最高处7.9米，容积3000立方米。刘胜墓墓道口以土坯封门，窦绾墓以砖封门。在砖墙、土坯墙之间，又用浇灌熔化的铁水铸成一道铁墙，封闭得十分牢固。

↑ 长信宫灯

两墓出土金、银、铜、铁、玉石、陶、漆等器物，以及丝织品、银鸟篆壶和医用金针等文物10633件，其中4000余件有较高文物价值，尤以金缕玉衣、长信宫灯、错金博山炉最为珍贵。

满城汉墓出土文物数量多、品级高，文物科技价值和工艺价值高。满城汉墓的发掘，为研究西汉时期的政治、经济、军事和文化科学技术提供了重要的实物资料，充分体现了古代劳动人民的勤劳和智慧。

↑ 错金博山炉

1982年7月，满城汉墓被列为河北省文物保护单位。1988年1月，满城汉墓被列为全国重点文物保护单位。

张柔墓

张柔墓位于满城城区西北7.5公里的

↑ 张柔铜像

岗头村西1公里月明山下，依山傍水，地势高峻。有“头枕九龙（墓地北边是九龙山），足蹬八宝（墓地南边是八宝嘴山），左揽日光（墓地东边岗头村内有日光庵），右抱明月（墓地西边有月明寺），腰系银条玉带（墓地南边有漕河）”之说。

张柔，河北定兴县河内人。曾为金经略史，后降蒙古，在灭金中屡立战功，其部成为灭南宋的主要武装势力，是蒙古三大汉族武装势力之一。历任荣禄大夫、河北东西路都元

↓ 张柔墓群神道石像生

帅、昭毅大将军。元世祖至元四年（1267），晋封蔡国公。张柔有11个儿子，以弘略（张柔的第八子，中奉大夫）、弘范（张柔的第九子，镇国上将军、江东道宣慰使）最为显赫。

张柔墓与其子张弘略、张弘规墓合葬一处，形成墓群。墓地南北长80米，东西阔60米，总面积约为4800平方米。张柔墓呈圆锥形，高6.8米，封土周长94.2米，占地面积707平方米。墓前有元翰林学士王磐撰写的“神道碑”一座。碑前原有马、羊、虎、狮、文臣、武将等石像生8尊，分两厢排列。张弘略墓位于张柔墓西南20米，高6米，封土周长89.3米，占地644平方米。墓前有神道碑一块，残存石像生5尊。张弘规墓位于张柔墓西边

↑ 张弘略墓出土文物

↓ 张柔墓外景

↑ 张弘略墓出土文物

↑ 南阳郡公韩昌碑

44米，高5.5米，封土周长69米，占地面积379平方米。

1982年7月，张柔墓被列为河北省文物保护单位。2006年，张柔墓被列为全国重点文物保护单位。

张苍墓

《满城县志》载，张苍墓位于满城城区西北3.2公里的柳家佐村西。今已不存。张苍为西汉名相，阳武（今河南原阳）人。张苍通晓世事，精通律历。汉高祖任其为常山守、赵王相、淮南王相、御史大夫。汉高祖六年（前201），张苍征平燕王臧荼有功，封北平侯，食邑千二百户，汉文帝四年（前176）为丞相。卒年百余岁。

韩昌墓

韩昌墓位于满城城区东北1公里的城东村南。有石人、石马、石羊等，均毁废。据《满城县志略》记载，韩昌为元南阳郡公（其墓碑现存陵山汉墓山下）。其子为南阳郡公韩若愚。

谭广墓

明光禄大夫、永宁伯谭广，字月庭，南徐丹徒人。卒谥襄毅。谭广墓位于满城城区北20里的紫口山前。今已无存。

靳辅家族墓

靳辅（1633—1692），字紫垣，清大臣、水利家，辽阳（今属辽宁）人，隶汉军镶黄旗。清顺治六年（1649）由笔帖式选充翰林院编修，后考授国史院编修。康熙十年（1671）巡抚安徽，十六年（1677）任河道总督。时黄河决口百余处，他采用前人“束水攻沙”的经验，得幕僚陈潢襄助，使黄河仍归故道，收到较好效果。又新开中河，确保漕运畅通，因而深得康熙帝的宠爱。二十七年（1688），被构陷罢官。三十一年（1692），再任河道总督，不久病死。卒谥文襄。其墓在满城域内抱阳山之塬。满城东渝河村为其父靳应选墓，东土门村、训口村也发现有其家族墓及遗物。

蒋攸铦墓

蒋攸铦（1766—1830），字颖芳，号励堂，辽东人。清汉军镶红旗人，乾隆时进士。嘉庆初，迁御史，敢言，有政声，历两广、四川总督。英舰闯入内河，饬令停贸易，禁民为洋人服役。道光年间历任直隶总督，两江总督。有《绳枻斋集》《黔轺纪行集》等。死后葬于域内罗井村。允该村只交粮不纳税，村民生活安定，遂名“永安庄”。杨家佐村西亦有“蒋家坟”，为蒋攸铦先人墓地。

金石碑刻

↑ 郭隗故里碑

郭隗故里碑

位于满城城区东南25公里的郭村。白玉石质料。抹角长方形，方形青石碑座，通高2.30米，宽0.75米，厚0.15米。碑文楷书大字“周燕昭王贤士郭隗先生故里”，落款“保定府满城县知县会稽张焕立石。康熙四十六年岁在丁亥仲春吉旦”。今保存良好。

郭隗，战国时燕国大夫，曾辅佐燕昭王筑黄金台招贤，乐毅、邹衍、剧辛争相赴燕应招，使弱小的燕国成为“战国七雄”之一。

↑ 靳公神道碑

靳公神道碑

位于满城城区南偏西20.1公里的方顺桥村内。清康熙年间立石。汉白玉质料，蛟龙碑首，石龟座，通高3.90米，宽1.14米，厚0.48米。碑首篆书“皇清诰封”，双行，每行二字。碑阳楷书单行“皇清诰授光禄大夫总督河道兵部尚书加赠太子太保世袭拜他喇布勒哈番谥文襄靳公神道碑”，碑阴素面。今保存良好。

靳公，即靳辅，汉军镶黄旗，清顺治年间由官学生考授国史院编修。康熙年间累官河道总督。时黄河水患严重，不时溢水改道，冲毁房舍，淹没庄稼。靳辅因势利导，筑堤束水，河患以平，开国家百世之利。卒谥文襄。后人以靳辅治河之功“不在宋理开惠通渠、陈瑄凿清江浦之下”。

↑ 祖公神道碑

祖公神道碑

位于满城城区西7.5公里处的石井村内。碑白玉石质料，透雕蛟龙碑首，白玉石龟座，龟座下砌长方青石座，方向正南。碑通高3.40米，宽1.00米，厚0.30米，碑首单行四字篆书“皇清诰封”，碑阳楷书单行“中奉大夫巡抚直隶兵部左侍郎兼都察院右副都御史□□祖公神道”。今保存良好。

↑ 东村石刻

东村石刻

位于满城城区南10公里处的东村北面台地上。有石翁仲两件，东西相对而立，西面为文职官员，东面为武职官员，顶盔贯甲，皆抱笏恭立。因年代久远，石刻一部分埋入地下，地上部分高1.80米。造型威武，形象生动，刀法细腻，线条流畅多变，判断为明代墓葬前的石像生。

满城是两千多年前倡导“招贤文化第一人”的燕国大夫郭隗的故里，也是传说中福神杨成的诞生地。西汉中山靖王刘胜百年之后葬于陵山，留下诸多传说故事。唐宰相张说少年习读抱阳山，创中国最早书院之一“花阳山书院”，文脉流长。北魏杨衒之著《洛阳伽蓝记》，文笔秾丽秀逸，骈中有散，成为“具有高度文学价值的史书”。清代纪晓岚倾情抱阳山、神星，志其神异，述其情志……更有众多现当代栋梁英才倾心社会，勤劳贡献。千百年来，满城这块土地上人才辈出，光耀神州。

第三章

福贤故地 名流辈出

↓蔡真人修道蚕姑坨

帝王世家

中山靖王刘胜

刘胜（？—前113），汉景帝刘启之子，汉武帝刘彻异母兄，母为贾夫人，西汉第一代中山靖王。

汉景帝三年（前154），刘胜受封中山王（国都卢奴，今河北定州市；北平县，今满城，为中山国属县）。后元三年（前141），汉景帝去世，汉武帝即位。汉武帝即位之初，大臣们鉴于“吴楚七国之乱”的教训，对诸侯王进行百般挑剔，动不动就上告诸侯王的过失。刘胜便把官吏侵夺欺凌诸侯王之事，全部奏报汉武帝，汉武帝就增加诸侯的礼遇，废止官吏检举诸侯王之事，对诸侯王施行优待亲属的恩惠。刘胜被后人誉为“汉之英藩”。所作《闻乐对》《文木赋》文字优雅华美，被后世推崇。

刘胜为人乐酒好内，有子孙一百二十余人，认为诸侯王应当日听音乐，玩赏歌舞美女。汉武帝元鼎四年（前113），刘胜去世，葬于北平县（今满城）陵山之上，谥号靖，史称“中山靖王”。

司马迁《史记》、班固《汉书》记有其传。后裔有蜀汉昭烈帝刘备、西晋广武愍侯刘琨、唐代户部尚书刘禹锡等。

民间流传着许多刘胜与满城的传说故事。相传刘胜一年夏天到北平县巡游，路过一个村庄，见是清水泼街，黄土垫道，男女老幼跪倒在路旁迎接，不由心花怒放，脱口道：“真是顺民！”从此，这个村就叫“顺民村”了。到了县城，刘胜余兴正浓，问当地官员城里净姓什么的呀，官员说了一大溜，就差没说到“刘”姓了。

刘胜脸一沉，官员赶紧说，刘姓最多，遍地都姓刘啊！刘胜高兴地说，满城姓刘啊！这一下北平县又改叫“满城”了。

康熙帝三过满城

传说，清康熙皇帝几次到五台山，有三次经过满城，有两次驻跸县城。第一次驻县城，赐知县李玉堂御书赵子昂诗一首，李玉堂镌刻在一亩泉的石碑上，名曰“宸翰”。第二次驻县城，住生员彭昌龄家，临行赐昌龄白金二十两，宝剑一柄。因康熙三过满城，民间流传很多传说，如康熙封满城城隍为“灵应侯”、康熙尊老者等。相传，康熙皇帝有一次去五台山，晚上住在玉川书院，隔壁就是城隍庙。半夜里，他听到城隍庙有喊叫升堂的声音，就凑到墙边去听。原来有个姓苟的女人，生前不孝公婆，正接受城隍爷的审问，责骂动刑之声不断，直到子时方罢。第二天，康熙悄悄派人出去打听，果然是城里死了一个苟姓女子，活着时经常辱骂公婆，是街坊四邻公认的“恶女人”。康熙暗自点了一下头，就去城隍庙上香，当面宣封满城城隍为“灵应侯”，并赐尚方宝剑一口，官印一颗，每年正月初二到十五被各村请去巡游。还有一则：方顺桥村有一个太学生夏柱石，居家养老。其住所对着一片翠竹，院内遍植奇木异草，一条清溪穿宅而过。康熙皇帝听完地方官员的介绍，不由兴从中来，当晚就住在了夏柱石家。夏柱石夫妇年已八旬，儿孙五世同堂。康熙大为高兴，写了一块“真朴幽贞”匾相送，并撰对联一副：五代儿孙绕膝，八旬夫妇齐眉。

名臣武将

首倡招贤文化的燕国大夫郭隗

郭隗，战国时燕国大夫，今满城区郭村人。郭隗辅佐燕昭王，筑“黄金台”，广招天下贤才，于是乐毅、邹衍、剧辛等争相奔燕。燕人才济济，大破齐国，国力渐盛，史称“昭王中兴”。郭隗逝后，后人于其故里立碑，康熙四十六年（1707）重修，碑文刻“周燕昭王贤士郭隗先生故里”。

相传，郭隗小的时候非常贪玩，有一天他嫌在私塾读书憋得慌，就跑到村边的河里去玩水，玩着玩着就觉身子一直往下沉，渐渐沉到了河底，只听一个威严庄重的声音说：“知道为什么把你沉到水底吗？兹因你违背师命，逃学贪玩！你是个有造化的人，小仙劝你一句，回去定要发愤读书才是！”郭隗正觉悟间，已有一股力量将他推送到水面。从此，郭隗开始用功读书，再也不逃学了。他在晚上读书的时候，有时熬的时间长了，上眼皮像铅一样往下坠。郭隗想了一个办法，他把一个小陶罐装满凉水，顶在头顶，一打瞌睡，罐里的凉水就洒出来惊醒他，以此来驱赶睡意。

↑ 燕国贤士郭隗

过去郭村庙会是农历三月二十八日，传说这天是郭隗仙逝的日子。今郭村庙会因故改为二月二十八日。郭村庙会是个大庙会，周围十里八乡都过这个节日。庙会上唱大戏，村里曾有两个剧团，主要剧种是河北梆子、评剧、老调、哈哈腔，以此娱神，教化民众。郭村北侧还建有兴圣寺，占地三亩左右，当地人称“大寺园”，为纪念郭隗而建。兴圣寺南侧有古驿道。明清时期，兴圣寺的香火兴盛，过往驿道的客商官员，均进寺拜谒。

福神杨成的传说

↑ 西汉道州刺史杨成画像

↑ 满城柿子

元、明时代的《三教搜神大全》记载，福星，名唤杨成，是西汉时北平县（今满城）人。相传他自幼家贫，母子二人相依为命，苦度时光。杨成自小谨记母训，为人正直、坦诚，乐于助人。在贫困的童年，他经常挖野菜、摘野果充饥度日，也绝不肯吃别人家的一颗粮食。母亲患病后，为给母亲治病，杨成按照民谣中说的“大柿子，着实甜，又压咳嗽又化痰”的方法去做，爬到悬崖绝壁处没人敢摘的柿树上去摘柿剩儿（常人摘不到的柿子）。后来，杨成的忠厚和孝道，在十里八乡声名远播。汉武帝时还没有科举考试，官员都是从忠孝之人中选拔，认为只有懂得孝敬父母的人，才可以为国尽忠，为民做事。于是杨成被中山国王以“举孝廉”的名义推荐给了朝廷，后来官至湖北道州刺史。就在杨成任道州刺史的当年，就接到了朝廷旨意，沿袭旧制，每年需选出百名道州小矮人进宫学习技艺，作为艺奴，供宫中玩赏取乐。在征集现场，杨成亲眼看到农家儿女作为被选中的矮人与父母家人悲痛离别的场面，就决定抗旨上奏汉武帝，说道州虽有矮人，但没有矮奴，不论个高个矮，都是皇帝的臣民。按说抗旨不遵乃杀头之罪，但汉武帝在元封二年七月七日傍晚，被王母娘娘和上元夫人召见时，曾被劝说要戒残暴学仙道，所以看了杨成的奏折，不但没有降罪，反而正式取消了道州每年进贡矮人的做法。喜讯传到民间，百姓们张灯结彩，欢呼庆祝，认为杨成作为地方官员，能护佑一方平安，从此杨成深受百姓拥戴，久而久之，成为民众敬重、护佑一方的福星、福神。

唐宰相张说创建花阳山书院

抱阳山读书堂原名五经堂，乃天然石洞，深一丈五尺，面阔两丈有余。洞内有石床、石凳、石桌，环境幽静，堂前荆盘藤绕，岚气升腾，适宜读书。史载，唐朝宰相张说幼年在此读书，崖壁上镌刻“大唐张燕公读书处”八个篆书大字。张说（667—730），字道济，一字说之。原籍范阳方城（今河北固安县），后随父迁居洛阳，并在洛阳参加了武则天亲自主考的策试贤良方正，在万余名考生中，张说应诏对策为天下第一，那年他21岁，授

↑ 张说读书处

任太子校书郎，迁右补阙。预修《三教珠英》。玄宗时，诏为中书令，封燕国公。燕公文思敏捷，长于诗赋，有《张燕公文集》传世。

↑ 唐宰相张说画像

张说文采渊博，墨刻绝唱，注重教育，于抱阳山创建了唐朝四大书院之一“张说书院”，又名“花阳山书院”。“书院”出现于唐玄宗开元年间，国家设置丽正书院，后更名为集贤殿书院。初始书院负责图书收集、整理与收藏，一些私人读书、藏书处也称书院，随之也就有了讲学活动。到了宋代，以讲学为主的书院得到较大发展。

↑ 抱阳山读书堂里的张说塑像

相传，张说曾于读书堂石室攻读诗书。读书堂南壁有孔，与狐仙洞相通，狐仙洞内住着一位狐仙大嫂，深得道行，善良美丽。她为张说发愤读书、勤于学业的精神所感动，每天晚上她都变成一个道童为张说秉烛照明，张说感激不已。一天晚上，张说对道童深施一礼，问道：“敢问先生何人，每日为小生秉烛照明！小生无德无才，受此恩宠，实不敢当。”道童举烛一笑，转眼工夫变作一位俊俏的少妇，向张说还了一礼，答道：“我乃隔壁狐仙，久居此洞修炼，因好帮衬穷人，被人称作‘狐仙大嫂’。我虽属异类，也略通人情道理。相公年幼好学，必胸怀大志，将来定能成就一番事业。我抽闲为相公做点事，也是积德行善。然先生乃正人君子，我为女流，为先生秉烛，多有不便，故化作道童。”张说感慨万分，向大嫂作了一个长揖道：“如此，有劳大嫂了，受小生一拜，以谢大嫂相助之恩。日后小生有长进之时，定登门酬报大嫂的恩德。”从此，张说更为发愤，大器早成，成为唐代中期著名诗人、政治家。为纪念这位著名诗人和政治家，唐开元年间在抱阳山圣教寺东侧修建了相公堂，里面塑燕公张说神像。北宋元丰年间，重修相公堂。金皇统八年（1148），镇守保州将军完颜陈和尚再修相公堂。

↑ 五代十国宰相冯道画像

另一位寄居抱阳山宝教院求学的历史人物是冯道（882—954），五代十国时期的宰相。历经四朝十一位君王，始终位居将相、三公、三师之位。后周显德元年（954）病逝，卒后追封瀛王，谥号文懿，是抱阳山文化的又一位受益者。

元蔡国公张柔

张柔（1188—1267），字德刚，元代定兴人。少年时聪敏好学，善于骑射，好兴侠义之举，愤不平，护乡里。金贞祐年间，黄河北盗匪猖獗，张柔遂率乡里自卫，匪不敢犯。金中都经略使苗道润赏其才华，赞其勇猛，遂上表朝廷，授为定兴县令，后兼大兴府尹、本路经略史。

蒙古军入侵紫荆关，张柔率部抵狼牙岭下，与蒙古军大战，马失前蹄，张柔被俘。元太祖视其勇烈，以恩招之，复授其职，便宜行事。镇守雄（今雄县）、易（今易县）、保（今保定市）、安（今安新县安州镇）诸州。后移镇满城，兴水利，开阡陌，励农耕，赐民休养生息，免饥寒。1227年，张柔自满城移州治于保州（今保定）。时保州城因屠城已倾废15年。张柔重建保州城池，保州遂成为北方军事重镇、燕南一大都会。

元世祖至元四年（1267），封蔡国公。同年卒。后追封汝南王。葬于满城城北月明寺旁。茔地背靠青山，前有漕河环绕，有王磐所撰“神道碑”，记载其生平业绩，还有石像生数尊。

元上党郡公尚野

尚野（1240—1316），字文蔚，满城人。性豪放，天资聪颖，大志宏略，爱好广泛，文辞秀丽典雅。待继母如亲生，乡里称颂。元至元十八年（1281），以其德才，被诏为国史院编修官。至元二十年（1283），兼任典文署丞，后任汝州判官。在任期间，清正廉明，施政有方。宪司多次推荐，迁任南阳县尹，将多年积案一一裁决。因勤政，改任怀县孟河渠副使，体察民情，解民众之疾苦。大德六年（1302），任国子监助教，又升国子监博士。教育学生先学好基础知识，再从事创作，文章切忌华而不实。至大四年（1311），官拜翰林直学士，知制诰，同修国史。待属下以德，对有病、灾者资助，对非礼者必责，众人服其德威。皇庆元年（1312），升翰林侍讲学士。延祐元年（1314），改任集贤院侍讲学士兼国子监祭酒。任职两年，因病辞官回故里，求学者甚多。后病逝，终年76岁。赠通奉大夫、太常礼仪院使、护军封号。追封上党郡公，谥文懿。

被元朝皇帝赞为“廉勤”的韩若愚

韩若愚（1263—1330），字希贤，元代满城人。由武卫府史授通惠河道所都事，因开河有功，诏赐锦衣一袭。迁留守司都事，不久升经历，出知蓟州（今天津蓟县），改中书左司都事。迁刑部郎中，提举诸路宝钞库，擢吏部郎中。元仁宗即位，按照惯例，凡潜邸官吏，不次迁转，韩若愚建议以时间长短定其资品，遂著为令。皇庆元年（1312），迁内台都事，改刑部侍郎，不久升中书左司郎中。

当时议禁民田猎，犯者抵死。韩若愚说：“昔齐宣王之囿，方四十里，杀其麋鹿者，如杀人之罪，孟子非之。”众深以为然，遂轻其刑。当时参政曹鼎新辞职，皇帝说：“若效韩若愚廉勤足矣，何用辞为！”即命韩若愚参议中书省事。铁木迭儿时为右丞相，以憎爱进退百官，恨韩若愚不依附自己，给他罗织罪名。皇帝知道韩若愚是冤枉的，不但不听铁木迭儿的构陷，反拜韩若愚为户部尚书。延祐六年（1319），命审理河间等路囚徒，轻重各得其情，复拜参议中书省事。丞相铁木迭儿复入相，以旧恨诬告其有罪，欲杀之，皇帝不从，复奏夺官，除名归乡里。至治三年（1323），为其昭雪。泰定元年（1324），复其官职，未久，拜刑部尚书，迁湖广省参知政事，未行，改詹事丞。当年八月，命宣抚江浙，复留为侍御史。

当时左丞相倒剌沙擅作威福，以事诬陷侍御史亦怜珍等，下枢密狱，没人敢为其言，韩若愚以计奏左丞相倒剌沙为右大夫，巧妙解决了此事。泰定三年（1326），擢升浙西廉访使，未行，拜河南省左丞。文宗平定倒剌沙等内乱，他从中策划，得文宗嘉许，晋为资政大夫。天历三年（1330），迁淮西江北道廉访使。逝后赠资德大夫、江浙等处行中书省左丞、上护军，追封南阳郡公，谥“贞肃”。

一条河，俩总督：靳辅与蒋攸铦

↑ 清河道总督靳辅塑像

满城域内的界河，商周时称般水、渝水，是条古老的河流。界河两岸的东渝河、永安庄段，葬有清康熙年间河道总督靳辅、清道光年间河道总督蒋攸铦两位历史人物。

靳辅（1633—1692），清顺治时为内阁中书，康熙初迁内阁学士，后擢武英殿大学士兼礼

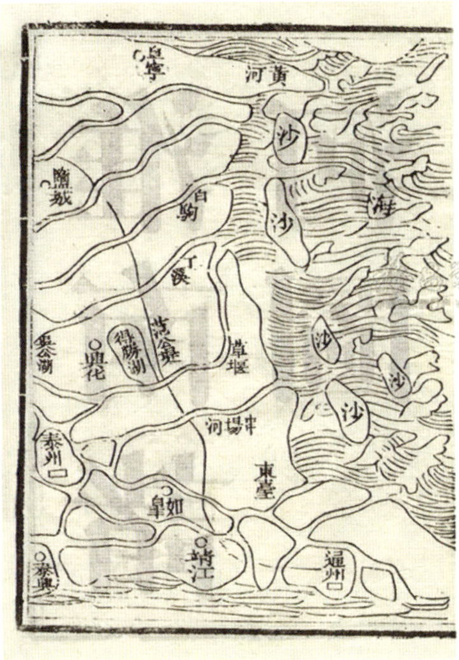

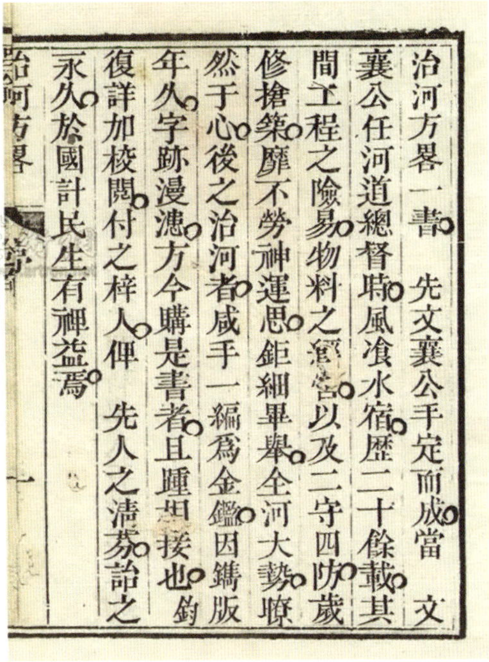

治河方畧一書○ 先文襄公手定而成○當 文襄公任河道總督時○風飡水宿歷二十餘載○其間工程之險易物料之贏詘以及二守四防歲修搶築○靡不勞神運思○鉅細畢舉○全河大勢瞭然于心○後之治河者○咸手一編為金鑑○因鐫版年久○字跡漫漶○方今購是書者○且踵相接也○鈞復詳加校閱○付之梓人○俾 先人之淸芬詒之永久○於國計民生有裨益焉○

↑《治河方略》（靳辅著）

↑ 康熙皇帝巡河御制诗《阅河堤作》

繩枻齋年譜卷上
礪堂自次　次男爵遠謹附注
乾隆三十一年丙戌一歲
三月三十日寅時余生於先大夫江蘇
布政司理問官廨先大夫命名曰攸銛
後字之曰穎芳不孝爵遠謹案吾蔣氏之先爲浙江諸暨人始祖武勇公諱貴明宣德中以征麓川功封定西侯後追封涇國公次子諱忠蔭遼東衛指揮駐牧羊城因家焉又數傳至隆山公諱世瑚順治元年從入關遂隸鑲藍旗漢軍籍定居固安縣又數傳至府君高祖干高公諱

↑《绳枻斋年谱》（蒋攸铦撰，清道光十五年满城蒋氏刊本）

部侍郎。康熙十年（1671）授安徽巡抚，参与平定三藩。康熙十六年（1677）调任河道总督。时黄河决口百余处，海口淤塞，运河断流。他继承前人“束水攻沙”的经验，又得幕僚陈潢襄助，使黄河重归故道。在修筑堤坝过程中，首次使用减水坝以备汛涨溢洪，确保河水畅通。靳辅身体力行，着力实践，有效地控制了黄河泛滥。康熙皇帝巡河时，赐诗一首以嘉奖。后卷入党争，被构陷罢官。康熙三十一年（1692）复任河督，终因积劳成疾卒于任上。谥文襄。著有《靳文襄公奏疏》《治河方略》。《碑传集·靳文襄公辅墓志铭》载，靳辅逝后，“大葬于满城县之赐阡”（皇帝敕使为已故大臣建造的墓园）。墓址在满城域内抱阳山之塬。盖因抱阳山地处县城西南，主峰挺立，花木蓊郁，左右两峰环抱南向，中谷温和，无疑是一处“吉地”。

域内多地有靳辅家族墓，方顺桥有靳公（辅）神道碑，碑阳刻“皇清诰授光禄大夫总督河道兵部尚书加赠太子太保世袭拜他喇布勒哈番谥文襄靳公神道碑”。

蒋攸铦，幼年读书于升贤村（满城杨家佐）。历任云南、江苏布政使，江苏巡抚。嘉庆十六年（1811）任两广总督，严于吏治和维护社会治安，力主破格选拔人才，得到嘉庆皇帝的首肯。后任四川总督、直隶总督。授体仁阁大学士，后晋太子太保加太子太傅衔。道光七年（1827）出任两江总督。两年后署理漕运总督、河道总督。因公案受牵降为兵部左侍郎。不久病逝，谥文勤。葬于罗井村真姑峪（今满城永安庄）。墓地今已毁废，仅留残碑于四围。著有《绳枻斋集》《黔轺纪行集》《绳枻斋年谱》等行世。

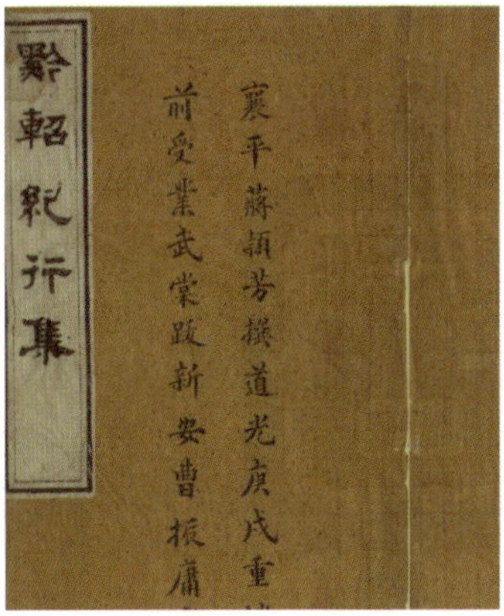

↑《黔轺纪行集》（蒋攸铦著，清道光年间刊本）

纪晓岚笔下的抱阳山、神星

纪晓岚，清代协办大学士，礼部尚书，主编《四库全书》，著有《阅微草堂笔记》等。他在《阅微草堂笔记》中，写下了一段关于抱阳山的文字，极富灵性和神异色彩。

↑ 抱阳山奇石

抱阳山为满城名山，自隋代至民国有释道寺院，文化繁盛。山中有八景：一亩石、百步廊、托山树、上天梯、明珠窝、滴水塘、牛角洞、读书堂，吸引了众多官员、文人，留下了大量石刻、碑记。清代初、中期，正是抱阳山文化繁荣时期，作为纪晓岚从侄、官满城县教谕的虞惇自可从容赏观抱阳山的文化景观，但他发现了一个奇异的现象：遥见一人岩上站立，以为是早期到达的朋友戴君前来相迎，相距一里多，急前行。不料越是接近，人形越是变小，到达时只看到白石一片，倚岩直立，不类人形，而望之如人。等下山回望

↑ 纪晓岚《阅微草堂笔记》所记神星石

时，又如初见人形。打算将奇石带回，等到山顶又寻觅不见。他将所见讲给纪晓岚，纪晓岚慨叹：盖瞒谷深崖，神灵所宅，偶然示现，往往有之。是山所谓仙人室者，在峭壁之上，人不能登，土人每遥见洞口人来往，其必炼精羽化之徒矣。文字之间，充满了对抱阳山神异文化的渲染。

↑ 纪晓岚《阅微草堂笔记》所记神星石

《阅微草堂笔记》中，还有两则对神星的记载。一则写“易州满城接壤处有村曰神星，大河（指漕河上游）北来，复折而东南，有两峰对峙河南北，相传为落星（指陨石）所结，故以村名”，接着写神星石的形态“上哆下敛”，“如云朵之出地”，则衬其高峻。石峰上有北魏、五代的手刻墨迹，惜未曾详载。文字简洁生动，表现出古代满城乡村山水间浓郁的文化气息。

另一则写落星石北边有渔梁（筑堰拦水捕鱼的设施），当地人捕鱼得到了许多好处，岁时以特牲祭梁神。但有人用一种芫花汁“毒鱼法”，在上游泼洒后，下游大鱼小虾皆死亡漂浮，获得的鱼虾数量高出网罟十数倍。突然有一天，黑云翻滚，雷火赫然，将渔人的房屋烧尽，人们惊惧才停用了“毒鱼法”。字里行间对竭泽而渔、聚族而坑的残暴行为进行了有力的鞭挞和惩罚。

文人雅士

↑ 北魏散文家杨衒之画像

杨衒之（生卒年不详），北魏散文家，是与《水经注》作者郦道元、《齐民要术》作者贾思勰齐名的北魏三大著作家之一。今满城人。曾任北魏抚军府司马、东魏期城（今河南泌阳）郡太守。547年重过洛阳，见佛寺等大半被毁，感慨而著其名作《洛阳伽蓝记》。书中记述了洛阳佛寺的兴衰，对豪门贵族、僧侣地主的豪奢淫逸大加讥评，是一部难得的佛教史料。文笔秾丽秀逸，骈中有散，格调高雅，是具有高度文学价值的史书，其中尤以《法云寺》等篇节为人称颂，该书被收入佛教经典。

547年初春，时任东魏期城郡太守的杨衒之重游都城洛阳，他曾在这个城市任过北魏朝的抚军府司马、秘书监等职。北魏王朝中期，孝文帝大力改革，推崇儒佛，全国僧尼达200万之众，仅洛阳城就有15万人。短短40年间，洛阳城内外建有佛教场所1367所。规模最大、最为豪华的永宁寺，有僧房楼观1000余间，该寺的用金量以吨计。高大的建筑，远离京城百里也能看到。随着经济的富足，鲜卑贵族日益腐化，内斗不断。整整6年，洛阳城刀光剑影，火光冲天，硝烟弥漫，北魏政权连同洛阳城里的亭台楼阁一起，于534年坍塌了。此时的洛阳，呈现在杨衒之面前的已是“城郭崩毁，宫室倾覆，寺观灰烬，庙塔丘墟”。杨衒之决定记录眼前的一切，他为自己文章的定位是，“恐后世无传，故撰斯记”，“假佛寺之名，志帝京之事”。《洛阳伽蓝记》一经推出，便引起轰动，从中不仅可以看到北魏洛阳城的建制、佛寺的建筑和古迹，还可看到北魏的政治、人物、世俗、地理、历史、文学、艺术、社会、传说、信仰、典故、神怪、祥异、灵征等。后人称其“足以补《魏书》所未备”。

↓《洛阳伽蓝记》

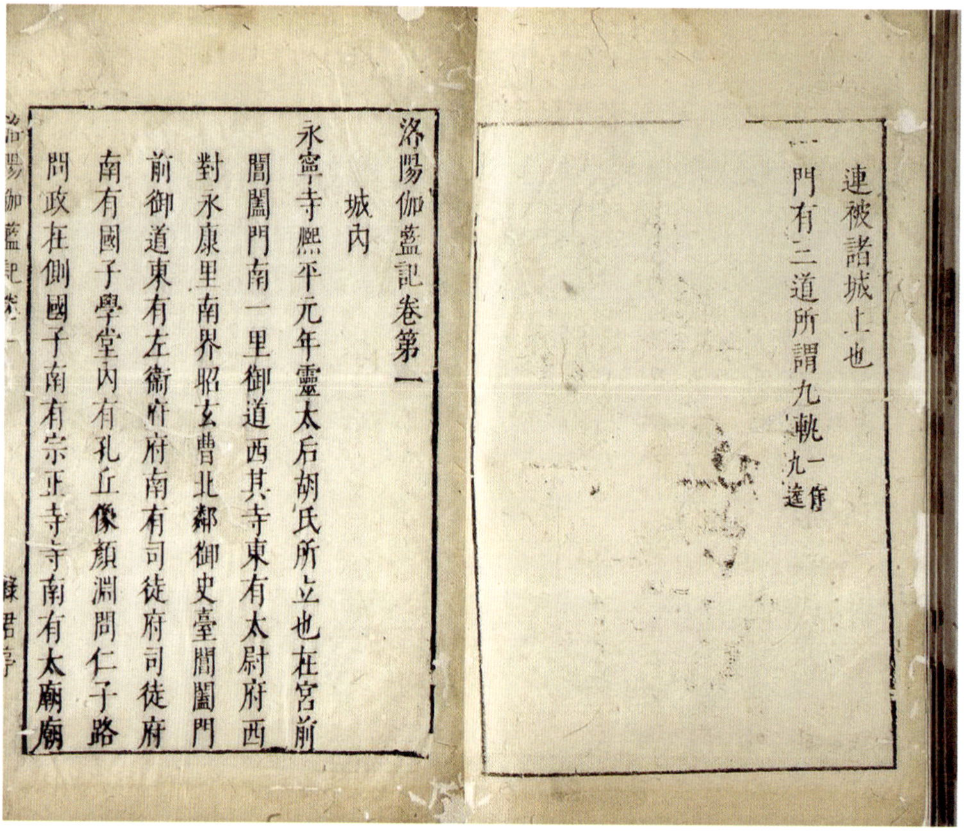
連被諸城上也
門有三道所謂九軌一作九逵

洛陽伽藍記卷第一
城內
永寧寺熙平元年靈太后胡氏所立也在宮前
閶闔門南一里御道西其寺東有太尉府西
對永康里南界昭玄曹北鄰御史臺閶闔門
前御道東有左衛府府南有司徒府司徒府
南有國子學堂內有孔丘像顏淵問仁子路
問政在側國子南有宗正寺寺南有太廟廟

洛陽伽藍記卷一　綠君亭

逸民义士

丘处机真传弟子蔡真人

↑ 蔡真人塑像

蔡真人，满城贤台人氏，生于金大定十八年（1178），其母王氏梦白鹤飞入寝室而有妊，遂生真人。6岁始能言，7岁在满城岗头村玉清观出家。曾修道于易县蚕姑坨。大安元年（1209），31岁时为玉清观主，闻道教全真七子之一的丘长春祖师在涞水娄村上清宫传道，虔诚拜谒丘祖，祖师授以道诀，使她深悟真谛，成为今保定辖区的高道名师。金宣宗赐“湛然江月真人”之封号。其门徒有悟真子苑至果等。

兴定二年（1218）成吉思汗率蒙古军越五回岭，与金将张柔战于狼牙岭。张柔被俘投降，成吉思汗任张柔为河北等路都元帅，时保定城已被焚为废墟，张柔驻军满城，与金军混战于大清河流域，多次负伤。接着在河北一带，与宋军出现拉锯战态。民间相传，在攻打沧州城时，宋军如有神道相助，漫天遍野地杀来，将张柔统率的蒙古军打得落花流水。一连两次大战，蒙古军伤亡惨重，惨败而退。张柔无可奈何，只得回到满城，向玉清观蔡真人求助。

张柔求得天书，率军星夜兼程，赶往沧州城下，整顿三军，择日进攻，大获全胜。张柔因战功显赫，晋参知政事、蔡国公，后追赠汝南王。张柔自知那助战道姑道行非浅，未敢忘记当时诺言，即命三军人马，各带砖石一块，运往满城岗头玉清观建玲珑双塔。张柔感恩蔡真人，于是上奏朝廷，御赐褒奖。蔡为才女，留有《江月集》数十卷传于世。大儒郝经著有《蔡江月歌》。

蔡真人59岁仙逝。《保定府志》记载了蔡真人尸解成仙经过。金元龙虎双状元、元翰林大学士王鹗奉命在岗头玉清观为其撰写《湛然江月超尘瑞应之碑》，张柔并夫人毛善行立石，记其事迹。

↑ 显公大禅师

见证宋太祖祖陵之源的显公禅师

显公禅师（1174—1263），今满城区方顺桥人。自幼进寺院，虔诚敬佛。出家为僧，究唯识大论，学徒甚众，德重一时。65岁时被奉为抱阳山寺院住持，于是“四远禅流，争师尊之”。元宪宗三年（1253）春，顺天路顺天府尹苑德，慕师之德，遂命其为（清苑县）东安宋太祖祖陵之资果古刹住持。此为文字记载宋太祖赵匡胤祖籍涿郡清苑县的实物证据。显公禅师归寂于元中统四年（1263），随缘顺世，寂灭为乐，逝后舍利分葬于抱阳山、保定崇严寺。其门徒云溪迁公闻师圆寂，不惮路遥，赴大都大万寿寺，请传法住持嗣祖林泉老人从伦为师撰《显公大禅师德行碑》。

↑ 显公大禅师德行碑

明代平民魏文魁辩论徐光启

魏文魁，明朝末年民间天文爱好者，满城县人。他在极端困难的环境下，长期研究天文和象数，以宋邵雍《皇极经世》为依据，先后完成了两部著作：天文理论《历元》、历法知识《历测》，并从满城赶往北京，与时任礼部侍郎的大科学家徐光启展开争辩、对质，希望朝廷采纳自己的历法主张。徐光启对魏文魁的书稿极为重视，看得仔细，他发现其中谬误很多，推算方法也十分陈旧。但同时，徐光启对魏文魁的研究精神进行了肯定，称他是“苦心力学之士”，同时，对其谬误逐一进行记录和辩驳，告之错在何处，鼓励其继续努力。魏文魁不肯服输，他坚持认为中国传统方法推算的历法精度高于西方历法，并据理争辩。徐光启一直平等对待，每场辩论均参加，并将每场辩论的双方观点记录下来，形成《历局与魏文魁辩论文稿》，保存备案。当时另有两派也反对徐光启的新历法制订，一是传统的《大统历》（当时正在使用中），一是从伊斯兰传来的《回回历》。崇祯皇帝令实地检验，由朝廷设立四个天文局，即“大统局”、“回回局”、“西局”（徐光启）、“东局”（魏文魁）。后经历时月余的实际检测，确立徐光启的历法正确，另三家历法废黜。魏文魁的历法虽然失败，但他一介平民，潜心研究当时民间无人涉猎的天文历法，实属难能可贵。

栋梁英才

中国科学技术大学首任党委书记郁文

郁文（1918—2010），原名孙保安，满城人。1937年加入中国共产党。同年赴延安，入抗大、中央党校学习。曾任延安《新中华报》采访通讯部主任，《解放日报》采访通讯科科长、新华通讯社晋绥总分社社长、《晋绥日报》采访通讯部主任、晋南日报社社长、中共西安市委宣传部副部长。

中华人民共和国成立后，历任新疆日报社社长，新疆省文教委员会副主任委员，中共中央新疆分局宣传部副部长，中国科学院干部局局长、副秘书长、政治部主任兼中国科技大学党委书记，中共中央宣传部常务副部长，中共中央对外宣传小组副组长，中国社会科学院党组书记、党委书记、副院长。是中共十二大、十四大代表，第七届全国人大常委、民族委员会副主任委员。

1956年，中央提出向科学进军的号召。1958年6月，中国科学技术大学开始筹备建校，具体事宜由中国科学院副院长郁文主持进行。郁文兼任中国科大第一任党委书记。学校在仅仅三个半月的筹办时间内，解决了校舍、师资、教学设备等问题，建立了学校组织和工作制度，确立了系科设置，草拟了教学计划，完成了招生任务，开办了5个实验工厂，初步建立了工作秩序，保证学校在1958年9月20日正式开学。到1959年元旦，学校师生就在实验工厂中生产出电子计算机、计算管、定标器、石油钻探自动调节器、半导体晶体管、阴极射线示波器、模型火箭等多种科学仪器设备。在郁文担任党委书记期间，学校积极从事教学改革工作。学校注意调节师生关系，形成一种教学相长的良好氛围；要求教师紧密结合实际，因材施教；组织教师自编教材，充实教学内容；要求教师编写教学大纲，交给学生讨论后再修改使用；要求青年辅导教师和学生们一起生活进行深入的辅导；在与教学相结合的基础上建设实验工厂，提供条件让教师从事科学研究工作。

两院院士张宗祜

张宗祜（1926—2014），满城人。1948年毕业于北京大学地质系，后任甘肃石油地质勘探处技术员、北京地质调查所技术员。1951年9月，赴苏联莫斯科地质勘探学院研究生部学习。1955年2月毕业，获苏联地质矿物学副博士学位。回国后在地质部水文地质工程地质研究所任工程师、总工程师、所长。1980年当选为中国科学院学部委员（院士）。1994年当选为中国工程院首批院士。

张宗祜编制出版的《中国黄土地貌类型图1：50万》，为全国114项重大项目图件之一，在中国首次出版。指导编制《中华人民共和国水文地质图集》，获1982年国家自然科学一等奖。1961年，在国内首先开创黄土微观结构方面研究工作，提出黄土湿陷成因的新见解。根据大量野外实地观测资料，突破黄土“风成”理论的局限性，提出中国黄土的多成因学说，较全面地研究和论述了中国黄土分层岩性、地理分布、地质性等内容，并探索出新的研究黄土方向和工作方法。主要论著有《在黄土分布区域运河修建中之工程地质研究》（1959年）、《黄土工程地质研究》（1956年）、

↑ 张宗祐（右一）在苏联学习（1951年）

↑《九曲黄河万里沙》（张宗祐著）

《论地质研究》、《论工程地质发展方向》（1957年）、《中国黄土高原黄土工程地质图（1：100万）》（1965年）等。1957—1986年，张宗祐先后撰写15篇专业论文。除此，张宗祐对中国水文地质、工程地质、第四纪地质科学的发展作了不少贡献。1956年，参加制定全国科学12年发展规划工作，参与编写水文地质工程地质学科发展规划、地质部门10年科研规划。1973—1977年，担任国家重点科研项目《河北平原（黑龙港地区）合理开发利用地下水资源研究》技术顾问，指导编制《中华人民共和国水文地质图集》等工作，这两项成果均获1978年全国科学大会重大科研成果奖。著有《中国黄土》（河北教育出版社，2003年版）、《中国地下水资源数据库卷》（合编，中国地图出版社，2005年版）、《九曲黄河万里沙》（清华大学出版社，2009年版）等著作。

张宗祐先后获李四光地质科学奖、中国工程科学技术奖、国家自然科学奖、国家科学技术进步奖、河北省科学技术突出贡献奖。

高等教育早期管理者苏庄

苏庄（1906—1993），满城人。1932年毕业于北平师范大学历史系。1938年参加革命，同年加入中国共产党。曾在陕北公学、抗日军政大学、马列学院学习。历任抗大一分校政治教员、辽宁省教育厅厅长。新中国成立后，任辽东省文教厅厅长、东北行政委员会高教处处长兼东北局教育处处长、高教部办公厅副主任、工业教育司副司长等职。1955年调任交通大学副校长，1956年兼任交大西安分部党委书记，1959年任西安交大副校长兼党委副书记，1966年调天津大学任党委书记兼副校长，1979年调回西安交大，任党委书记。

↑ 苏庄

“满城雪桃”的发现栽培者王玉山

↑ 满城雪桃

王玉山（1892—1976），满城岭西村人。人称“果木神儿”。1940年前后的冬天，王玉山在狼牙山老爷沟内发现一棵野生的桃树。树上结有青果，遂移至家中嫁接培养，因此树种果实生长期长、成熟期晚（小雪），故名“雪桃”。自此，雪桃成为中国林果的又一个新奇品种（1991年获全国名特稀优产品博览会金奖）。王玉山因发现并培育雪桃，创造了“满城雪桃”最原始的栽培技术与理论，于1963年被河北农业大学聘为名誉教授。1976年在保定逝世。

气象学家郭晓岚

郭晓岚（1912—2006），满城张辛庄村人。气象学家，大气动力学一代宗师。1929年夏以优异成绩考入保定第二师范学校。1932年考入清华大学数学系，1933年转入地球物理系，1937年毕

↑ 郭晓岚

业，获理学学士学位，到南京中央研究院气象研究所工作。1943年获浙江大学气象学硕士学位。1945年与杨振宁等留学美国芝加哥大学，1948年获地球物理学博士学位。为美国麻省理工学院气象学研究员、特级研究员，芝加哥大学地球物理系教授等。1970年获美国气象学会最高荣誉奖——罗斯比研究奖章。长期致力于气象学的研究，在博士学位论文《正压大气二维无辐散流的动力不稳定性》中提出“正压不稳定性判据”，被国际上普遍接受。1965年提出积云对流参数化方案，1974年又给予修正，得到广泛应用，在数值天气预报和动力气象学文献中，称之为“郭氏参数化方案”。郭晓岚对大气物理、大气及海洋动力学方面也有广泛而深入的研究。1973年后，多次回中国讲学或参加学术会议。主要论文有《斜压纬圈气流中的三维扰动》《大气中的强迫经圈环流和自由经圈环流》《环型对流和非线性热传递方程的解》《一个准一维的考虑对流凝结加热和混合作用的积云模式的参数化》等。著有《大气动力学》（江苏科学技术出版社，1979年版）。

空气动力学家曹金涛

曹金涛（1915—1989），满城北庄村人。1938年毕业于天津北洋工学院。1939年考入成都国民党空军机械学校高级班。毕业后，在成都第十一、第三飞机制造厂供职。1943年先后入美国康索里德·沃尔特轰炸机制造厂、密执安大学研究院和英国哥老斯特喷气式飞机制造厂，专攻飞机设计和制造。

1948年2月回国，曾任南昌国民党空军研究院空气动力研究员。1949年春，研究院迁往台湾，曹金涛毅然决定留在大陆。1949年9月参加中国人民解放军，历任华东军区空军航空工程研究室飞机组组长、空军工程部飞机修理处工程师。1951年调入北京工业学院任教。北京航空学院组建后，转入该院任教授兼图书馆馆长。1956年加入中国共产党。1958年参与设计、制造“北京一号”多用途飞机，完成中国第一架超音速飞机气动设计，获北京航空学院“红旗奖章”和奖状。1960年7月，因海军建设需要，经国务院总理周恩来批准，曹金涛被特招到海军，从事工程教学、科研工作。时值国家经济暂时困难时期，教学实验设备短缺，曹金涛自己动手编写教材，带领大家建起实验室，培养出第一代专业本科生。历任海军高级专科学校科研部部长兼空气动力研究室主任、系主任、训练部副部长和海军第二炮兵学院副院长兼研究部部长、学院顾问。在学院领导岗位上，经常深入教学第一线，检查指导教学、科研工作。研制的《岸舰身表》《无指挥仪射击法》经批准颁发使用。

1983年被评为海军“技术革新先进工作者”。1986年5月与人合作编著《飞行器飞行与控制》（国防工业出版社，1988年版），提出控制系统装置与气动布局研究的新理论，填补了飞行器总体设计中的一项空白。1986年主持完成《外界环境对发射初始弹道影响》的研究。曹金涛是中国宇航学会第一届理事，中国空气动力学研究会第二届理事，海军科学技术委员会常务委员。

中国民间文化遗产抢救工程
THE PROJECT TO CHINESE FOLK CULTURAL HERITAGES

满城是块红色沃土。自1926年建立全县第一个基层中共党组织王辛庄党支部开始，积极宣传革命思想和救国道理。随着党员队伍的不断壮大，革命运动轰轰烈烈，星火燎原。抗日战争时期，满城是晋察冀一分区抗日军民对敌斗争的前哨，满城儿女利用地道战、地雷战、麻雀战等，狠狠打击了日本侵略者。解放战争时期，满东战役、南奇战斗取得胜利，满城全域获得解放。在不同的革命历史时期，满城人民英勇顽强，浴血奋战，涌现出许多可歌可泣的英雄人物和事迹。

↓ 抗战烈士纪念碑

第四章
红色文化 赓续血脉

↓谢臣烈士纪念碑亭

党的创建至土地革命战争时期

党的创建与领导民众的抗敌斗争

20世纪初，因毗邻保定这座北方革命运动兴起和党组织建立较早的城市，进步思想较早地传播到满城。在省立第二师范、育德中学、保定六中等求学的满城籍学生开始接受进步思想，立志报国，并传播革命道理。1926年8月，河北省立第二师范学校学生王茂臣（王之平）回家乡王辛庄村创建了满城县第一个党支部，在县北组织领导农民协会，发展早期党员赵端甫、贾慎斋等。1927年5月，建立中共完满联合县委。1927年10月，成立中共满城特别支部委员会。1928年初，创建西原坡、西苟村党支部，办起农民夜校，秘密印刷革命宣传品，发动领导了当地农民借粮抢秋的斗争。1929年12月，创建中共完满唐易望中心县委。1930年10月，成立中共保西满城特别支部，组建农民协会，开展抗税抗捐斗争。1931年春，组建中共完满县委员会；同年底，组织发动了西原小学学潮斗争，巩固和发展了青年团组织。1932年9月，创建中共完满徐中心县委员会。1936年12月，成立中共保西工作委员会，宣传抗日救国，组织抗日救国会。至1937年，全县共有王辛庄、西原坡、西苟村、宋贾、宋家屯、韩村等6个党支部。

满城从党组织创建初始，以共产党员为先锋，带领广大进步青年和贫雇农，积极投身到大革命的洪流中，打击了反动势力的气焰，展示出革命火种蓬勃发展的燎原之势。

满城第一个党组织创建者、开国将军王之平

王之平（1902—1965），又名王如松、王茂臣，满城王辛庄村人。1913年考入满城县立第一高等小学，1916年考入保定育德中学。由于家中不能供给学费，转入县立师范学习。其间受到新思想的影响，憎恶黑暗社会、丑恶现象，他得知一些县议员疏于政事，经常打牌赌博，便前去干涉，被拒之门外，遂前往警察所申告，不意看到警察也在聚众赌博，他气愤难耐，愤而组织同学数十人扭住警察，找到县警察局控告。此事轰动县城，王之平因此被学校记过处罚。

1920年冬，王之平考入直隶第二初级师范学堂，开始接触阅读进步书刊，接受共产主义学说。1924年3月加入中国共产党，筹办“书报贩卖部”，秘密销售革命书刊。“五卅惨案”发生后，号召各校学生一致罢课，游行示威，组织“五卅运动”后援会，声讨帝国主义屠杀中国工人的罪行，声援上海人民的正义行动。还宣传组织保定南关码头工人、电灯工人，积极募捐，帮助上海遇难同胞家属。1925年到清苑县固上小学任教员，秘密开展革命活动，创建了清苑县历史上第一个党支部——中共东乡党支部，任书记。1926年上半年，回到家乡王辛庄村，创建王辛庄党支部，任书记，王辛庄党支部成为满城县历史上第一个党支部。一年后，他与刘秀峰（中共党员，时任王辛庄学校教员，后任国家建筑工程部部长）、韩永禄（完县特支书记、五里岗暴动领导人）建立了中共完满联合县委。“四·一二”反革命政变后，在白色恐怖下继续开展革命工作，成功营救中共党员毛兴武。以农会名义请示，迫使国民党当局批准在县北成立县第三高级小学。1934年5月，因叛徒

↑ 王之平

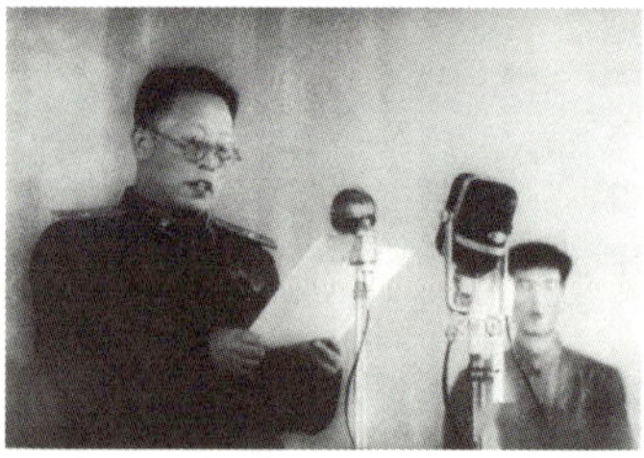
↑ 王之平担任对日本战犯审理工作首席检察员

告密，王之平在北京市立第九小学被捕，虽经严刑拷打，始终坚贞不屈，全力保守党组织的秘密。同年6月，被判刑8年，押于南京军人监狱。在狱中，他坚持斗争，坚持阅读学习，至1937年8月被释放出狱，由组织介绍转入延安陕北公学学习。1938年2月结业后被派往晋察冀军区三分区工作，先后参加了百团大战、反“扫荡”等战役战斗。曾任晋察冀军区供给部政委。

解放战争时期，王之平参加了石家庄、涞水、察南、绥东、出击冀热察等战役战斗。先后担任晋察冀三分区政治部主任、军区军政干部学校政治委员、察哈尔雁北军区第二政治委员。

中华人民共和国成立后，王之平先后任察哈尔军区政治部主任、华北军区直属政治部主任。1955年被授予少将军衔，1957年荣获二级独立自由勋章和一级解放勋章。

1957年6月，王之平在担任北京军区军事法院院长期间，参加了对日本战犯的审理工作，担任首席检察员。他作为公诉人，为审判日本战犯做了大量细致、艰苦的工作，仅收集战犯铃木启久所犯各项罪行的证据，就包括被害人及家属的控诉书181件、证人证词45件、查询笔录89件、照片38张等。由于夜以继日地超负荷工作，严重影响了他的身体健康。

1959年，他担任河北省军区副政委兼天津警备区第二政治委员。1965年5月29日，由于在长期的革命斗争中积劳成疾，王之平在北京病逝。

省立保定第二师范“七六”革命烈士曹金月

曹金月（1909—1932），满城北庄村人。革命烈士。17岁考入省立保定第二师范，在革命环境的影响和党的教育下，他积极投身反帝救亡的斗争，先后担任中共保属特委组织部长、中国反帝大同盟保定市负责人之一、保定二师反帝大同盟书记、学生会主席等。1932年7月，扩大抗日影响、保护爱国学生的保定二师“七六学潮”爆发，曹金月任护校委员会副主席。学潮惨遭镇压，8位学生当场牺牲，曹金月等35位同学被捕。在狱中的日子，他义正词严，痛斥反动当局残杀爱国学生的行径，宣传抗日爱国主张，虽经多次酷刑，依然坚贞不屈，大义凛然。其祖父曹洛印，时任满城县政府财政科长，买通了军事法庭主审法官，法官允诺，如在法庭上曹金月承认不是中共党员即可释放，但在法庭上他坚决承认是中共党员，以推翻国民党的反动统治、建立没有人剥削人的新社会为己任。9月7日，曹金月惨遭杀害，时年23岁。作家梁斌在长篇小说《红旗谱》中曾对曹金月烈士有过记述。

↑ 曹金月

↑ 保定二师“七六”烈士坚贞不屈，英勇就义

“完县五里岗农民暴动”组织者之一李永茂

李永茂（1907—1932），革命烈士。出生在满城协义村一个封建地主家庭。幼入协义村小学读书，后考入完县（今顺平县，下同）高小，在共产党员刘秀峰、韩永禄等人的影响下，开始从事革命活动。1925年，参加了学校发动的纪念“五卅惨案”、抵制日货的游行示威。后考入保定培德中学。不久，因组织需要返回完县，考入完县乡村师范学校。1926年8月，加入中国共产党。团结广大教师和学生，领导建立了完县小学教师联合会。在党的领导下，展开要求增加工资的斗争，并以小学教师联合会的名义进行革命活动。1927年，毕业后回本村任教。以组织农民业余学校为名，团结雇农、发展党组织，仅在本村就发展了10名党员，并和刘秀峰、刘元士等在北鱼台、杨家庄、寨子村、大恩村、康关村一带，建立起10余个党支部，发展了100多名党员。后任中共完县特别支部宣传委员。“四·一二”反革命政变后，采取机动灵活的斗争策略，继续扩大党的影响，并将完县特别支部扩组为完县县委。1928年，由党组织派到完县下邑村，以教员身份为掩护，开展地下工作，组织发动群众，揭发地主豪绅的罪行，打击了豪绅地主的嚣张气焰。同年秋，在县委统一领导下，组织农民进行声势浩大的反土豪、抗捐税、反对屠宰割头税的斗争。

1930年6月，任中国工农红军第二十二军一大队大队长兼军法官，参加领导了“完县五里岗农民暴动”，失败后遭敌通缉。他毫不畏惧，仍秘密奔走于保定、清苑、满城、易县、完县等地，联络暴动失散的同志，收集隐藏的武器，积蓄革命力量。1931年春，任中共博野中心县委组织部长，化名李书文，活动于博野、蠡县及南白沙一带。1932年，参加领导了高（阳）博（野）蠡（县）农民暴动。后任中共清苑中心县委宣传部长。后又调任中共保属特委宣传部长。同年11月，因叛徒告密，在保定西关被捕，壮烈牺牲。

坚贞不屈的早期共产党人何兆熊

何兆熊（1904—1934），字梦祥，满城西原坡村人。革命烈士。1929年加入中国共产党，同年冬，因从事革命活动在北平被捕。历任中共完满县委书记、直南发行部长、中共完满徐中心县委书记等。1930年8月，组织支援“完县五里岗农民暴动”。1932年，组织西苟村群众开展革命斗争。同年4月，在天津第二次被捕，遭受种种酷刑，造成腰椎折断，脚趾溃烂。经省委全力营救，回家乡保外就医，继续在家乡开展党的活动。曾卖掉良田40亩，得银圆1200多块，除部分充作党的活动经费外，还用剩余的钱建成蜂场，作为党的秘密联络站。1933年4月，何兆熊第三次被捕，押往南昌国民党行营。三个月后假释，带着一身伤病回满城继续从事党的活动。1934年，终因病情恶化而病逝。病逝前将在病中写的向党的诀别书及10块银圆作为最后的党费，一起交给了党组织。

中国工人运动杰出领导人刘宁一

刘宁一（1907—1994），原名史连甲，满城南马村人。中国共产党的优秀党员，无产阶级革命家，中国工人运动的杰出领导人，第三届全国人大常委会副委员长。1924年考入直隶第四师范学校。1925年参加“五卅运动”，同年9月加入中国共产党。因从事革命活动，1927年7月被开除学籍，回到家乡任中共满城特别支部书记。其间利用敌人矛盾，在革命低谷时期，发展了家乡的地下党组织。1929—1930年，在唐山开展矿工运动。1931年在顺直省委组织部工作，同年4月被捕。1932年1月，经营救出狱，赴唐山任市委组织部部长，继任市委书记。同年秋，第二次被捕。1933年5月被释放，任中共北平市委组织部部长。同年7月，第三次被捕。后转押南京，被判刑12年，由八路军办事处交涉出狱，赴上海从事工人运动，任上海工人运动委员会书记、江苏省委领导成员。其间，在中共党刊《劳动》上发表文章，署名“刘宁一”。1943年7月，赴延安中央党校学习，并负责起草党的“七大”报告。抗战胜利后，任解放区工会联合会主任，出席世界工联执委会第二次会议。经过对“中国劳协”深入细致的工作，实现了中国工会运动的统一，受到党中央的嘉奖。刘宁一还是一位国际活动家，长期致力于国际联络工作。1947年，突破重重阻力到达法国，负责中共在欧洲的工青妇学及华侨工作，任中共欧洲委员会书记，协助创办新华社海外分社，为中共在欧洲的影响开创了局面。1948年8月，当选为中华全国总工会副主席、书记处书记兼国际联络部部长。刘宁一为中国人民的解放事业，为建立中华人民共和国作出了重大贡献。全国解放后，刘

↑ 刘宁一

↑《欧游漫记》（刘宁一著，1949年6月出版）

宁一曾任国务院外办副主任、全国总工会副主席、主席，党组副书记、书记。1964年当选为全国人大常委会副委员长兼秘书长。1966年，在党的八届十一中全会上当选为中共中央书记处书记。为恢复和发展工业生产、改善工人生活、保护职工利益，为扩大我国的国际影响及国际联络工作，为全国人大的工作倾注了大量心血。他曾多次率领代表团出访，担任过中国人民保卫世界和平大会副主席、世界工会联合会副主席，为世界和平事业及中日关系正常化作出了积极的努力。“文革”时期遭林彪、“四人帮”迫害。1979年后，任全国政协常委、副秘书长，中共中央统战部副部长等职。1988年退居二线后，任全国老龄委顾问、中国老年书画研究会会长、中国书画函授大学校长。著有《上海产业与上海职工》（1937年至1938年）、《欧游漫记》（山东新华书店，1949年版）、《与青年工人谈心》（工人出版社，1959年版）。

新中国林业建设的开拓者和卓越领导人罗玉川

罗玉川（1909—1989），原名宋鸿儒，满城宋甲村人。中国共产党的优秀党员，久经考验的共产主义战士、无产阶级革命家，新中国林业建设的开拓者和卓越的领导人，中共中央顾问委员会委员，原林业部部长、党组书记。早在青年学生时期，他追求真理，信仰马列主义，投身革命，1930年3月加入中国共产党。1936年前从事地下革命活动，发展党的组织，在安新一带领导过盐民的抗税斗争。1937—1949年，任中共满城县工委书记、晋察冀三地委宣传部部长、冀中四地委书记、冀中行署主任、冀中区党委委员、河北省人民政府副主席。在抗日战争的岁月里，他出生入死，浴血

↑ 罗玉川

↑《罗玉川纪念文集》（1992年）

奋战，领导当地人民坚持武装斗争，开展地道战、游击战，发展壮大党的力量，发展生产，支援全国的抗日战争。抗战胜利后，他领导冀中人民进行土地改革、发展生产，壮大人民武装力量。在平津战役中，曾率百万民工支援前线，为中国人民的解放事业立下了功勋。新中国成立后，历任农业部副部长、党组书记，中共平原省委副书记、省人民政府副主席，林业部、森林工业部第一副部长、党组书记，农林部副部长兼国家林业总局局长，林业部部长、党组书记，林业部顾问。他是第二、三、四、五届全国人大代表，党的第八、十一、十二次全国代表大会代表，党的第十二、十三次全国代表大会上当选为中央顾问委员会委员。新中国成立以后，罗玉川先后参与领导了治理黄河、兴修水利、推广农林科学技术、开展农村互助合作运动、支援抗美援朝、进行“三反”“五反”斗争；尤其是在拟订全国林业发展的长远规划，确定林业发展的方针及发展我国的橡胶事业，建立全国木材生产调运管理体系，提高林业职工队伍素质，开发大兴安岭林区，主持草拟新中国成立以来的第一部森林法，确立植树节，制订“三北”防护林建设规划，确定发动群众植树造林的方针、措施等诸多领域都作出了重大贡献。1992年，中国林业出版社出版了《罗玉川纪念文集》。

新中国轻工业早期的领导者田坪

↑ 田坪

田坪（1905—1984），满城抱阳村人。中国共产党的优秀党员、共产主义的忠诚战士、原第二轻工业部副部长、轻工业部顾问。曾就读于北平民国大学，接受革命思想的熏陶，投身于进步学生运动。1932年加入中国共产党，在定县女师、乐亭师范组织学生会，投身于抗日救亡运动。1937年到延安抗大和中央党校学习。抗战时期在晋察冀雁北地区从事复杂艰苦的游击战争，任县委书记、地委书记兼军分区政委，为保卫和壮大雁北根据地发挥了重要作用。解放战争时期在北岳第四专区从事土改工作，后随大军南下，在中原局组织部工作。全国解放后，任广州市委常委兼组织部部长，后派赴苏联学习。1954年后任广西省委常委兼秘书长。1956年调任中华全国手工业合作总社副主任，1965年任第二轻工业部副部长，1977年任轻工业部顾问。第三至第六届全国政协委员。田坪为发展我国的轻工业和手工业作出了较大贡献。

抗日战争时期

晋察冀军区一分区司令部旧址

晋察冀军区一分区司令部旧址等系列革命历史遗址和纪念设施包括位于慈家台村的晋察冀军区一分区司令部旧址、位于长角台村的抗日战争无名烈士碑和晋察冀军区一分区指挥所旧址等三部分。

↑ 晋察冀军区一分区司令部旧址

↑ 芝兰沟抗日战争无名烈士碑

刘家台乡是革命老区，在1939年11月至1944年11月的5年间，晋察冀军区一分区司令部驻扎在刘家台乡慈家台村，冀中军区的修缮所、枪械所、后方医院也设在刘家台乡各村。杨成武司令员指挥一分区八路军战士同日寇展开了艰苦卓绝的斗争，取得了收复涞源城、大战雁宿崖、黄土岭大捷和狼牙山突围等一系列战斗的胜利，创造了以弱胜强的突出战例，巩固和扩大了敌后抗日根据地。

2015年，对晋察冀军区一分区司令部旧址和指挥所旧址进行恢复修缮，在室内进行图片和实物展示，保持和再现了原有历史风貌；对长角台芝兰沟抗战无名烈士墓地进行了保护性修葺，建起纪念碑亭一座，供后人凭吊。同时，刘家台乡还搜集、采写、整理了反映一分区抗战历史的文章，编印出版了7万字的《红色热土——保定市满城区刘家台乡抗战故事集》（内部图书）一书，成为对干部群众进行革命传统教育的生动教材。

石井地道战

石井地道战，在晋察冀边区抗战史上写下了光辉篇章，其事迹在中国军事博物馆展出。

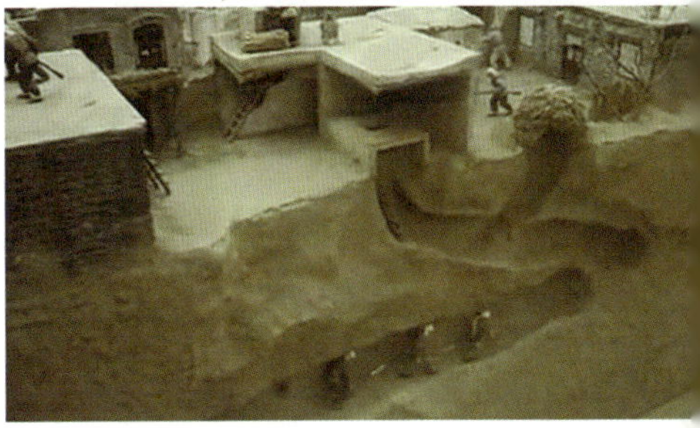

↑ 石井地道战模型

石井村位于满城西7.5公里，三面环山，南面的河套是保定通往晋北、察南的交通要道，是抗日山区根据地与平原日军占领区（或游击区）接壤的山口，是日伪军袭扰根据地的必经之路。为封锁、控制这个军事要道，在日军大“扫荡”期间，近200名日伪军曾短时驻扎在石井村和渝河村，并在渝河山嘴修筑了碉堡，对石井一带实行烧、杀、抢、掠。

1939年，为保卫人民，打击侵略者，石井村成立了民兵游击小组。1940年，以石井民兵为骨干成立武装小队，在斗争中不断壮大。

1941年，石井一带形势日益紧张，斗争条件日趋困难。县青年抗日先锋队队长刘云、区大队和村民兵小队长李全子、射击组长萧德顺等，认真分析斗争形势与任务，认为要坚持对敌斗争就必须充分发挥该村地理优势。当时村内只有两三个很简单的暗洞，用来躲人藏物。后来，暗洞越挖越多。1942年冬，东西干线挖通，改善了斗争环境，鼓舞了群众斗志。经过近两年艰苦奋战，挖成了东、西、南、北四条地道总干线，数十条大小支线，总长达10公里，共挖土石33000多立方米。

↑ 石井地道战（根雕）

该村地道设计巧妙，结构完善，在村内外设有高房工事、屋角枪眼、门楼和土坎射击孔等。在碾台下、坟头旁、佛像下、土沟里有60多个出入口，与地道相通，到处都能展开火力，既能消灭进入村内的日伪军，还可迂回到村外打击过路的日伪军。

↑《满城战斗英雄：李全子和他的游击小队》（1945年前后）

地道与水井相通，作战时群众通过水井给民兵送情报、送饭，地道内设有会议室、休息室、厕所、仓库、牲口洞，并有隐蔽的通风孔；地道内还挖有陷阱，下面有木杈、尖刀，陷阱口安着翻板，敌人踏上翻板就掉入陷阱中；另有翻眼、卡口和双层地道，若敌人放毒、放烟，只要把翻眼和卡口堵住，就能保证安全。整个地道形成能攻善守、坚固隐蔽、纵横交错、村里村外、地上地下、四通八达的地下堡垒。抗日军民依靠这个地下堡垒，给予日本侵略军以沉重打击。

1941—1945年，石井民兵小队共进行大小战斗百余次，毙伤日伪军360余名，缴获长短枪70余支，轻机枪2挺，八二迫击炮1门，攻打日伪据点7处，迫使日伪军撤掉炮楼8个，到保满公路及保定铁路沿线割电话线多次。同时，还出色地完成了护送县区干部、到敌占区接运公粮和其他军用物资、传递护送机要文件等重要任务。民兵小队多次受到区县及军分区的表彰和奖励。小队干部萧德顺、李全子被授予“民兵战斗英雄”光荣称号。1943年，晋察冀边区抗日政府授予萧德顺为“抗日民兵英雄”。

狼牙山五壮士续曲——黄崖山战斗

1942年，日本侵略军对冀中抗日根据地发动惨绝人寰的“五一大扫荡”。5月15日拂晓，驻满城县大册营、荆山和徐水县大王店等据点日军380余人，对晋察冀军区第一军分区驻钟家店第六团之一部发动突然袭击。部队闻讯后，杜副营长率一个排（26人），在撤退中占领了钟家店村西制高点——黄崖山，据险阻击敌人，掩护部队、群众从歪巴桃山南侧突围转移。

日军集中火力向黄崖山连续发动两次猛攻，均被抗日健儿打退。日军指挥官一连砍了两个畏缩不前的士兵，继续驱赶其他士兵向上冲，在阵地上留下60多具尸体。日军进攻受挫后，一面佯攻，一面又组织百余人绕道蒺藜山，迂回到八路军后面，吼叫着冲上来。杜副营长率部分战士阻击上来的日军。战士们隐蔽在巨石后面和战壕里沉着应战，枪弹、手榴弹集中投向敌群。弹药用完了，战士们用石块打击日军，无数的石头滚下山坡，砸得日军鬼哭狼嚎。

↑ 黄崖山战斗宣传画

经过两个多小时激战，在八路军战士弹药已尽、阵地上的石头用完之际，日军又冲了上来。在双方力量悬殊的情况下，八路军战士上好刺刀，怒吼着扑向敌群，与日军展开肉搏战。有的紧抱敌人滚下山崖；有的腹部被日军刺伤，还咬下敌人的耳朵；杜副营长向敌指挥官扑去，不幸中弹牺牲；卢书元、梁凤喜、张奎胜、黄老黑在连长刘富荣带领下，退守到黄崖山北端的悬崖上，将枪摔毁，以狼牙山五壮士为榜样，跳下悬崖殉国。26名指战员中除一名通信员突围送信和一名战士负重伤未被发觉外，其余全部献出了年轻生命。

↑ 红旗插上满城城楼（1945年9月）

解放满城

1945年8月15日，日本帝国主义宣布无条件投降。9月，驻满城的日本侵略军龟缩到县城内，国民党政府通电侵华日军原地待命，继续维持治安，由国民党军受降。盘踞县城的日伪军奉命后，拒不缴械，准备负隅顽抗。

晋察冀军区第一军分区新编第二团（原保满支队扩编）和满城县委，几次把督促日伪军投降的“通牒”送进城里，日伪军仍顽抗拒降。因此军分区和县委指示攻打县城。

9月17日黄昏，攻城部队首先掐断了日伪军之间的电话联系。为吸引日伪军兵力、火力，攻城部队派出佯攻东城小部队，在迫击炮火支援下，以突然密集的火力向东城守敌射击，敌人立即加强东城守备。攻城全体指战员在冲锋号令下，从南、北、西三面冲向敌人，子弹、手榴弹暴风雨般地飞向城头的敌人。两辆“土坦克”（木轮推车，下面装满炸药，上面蒙着蘸水的棉被）由爆破勇士操作向南北城门运动。爆破北门颇为顺利，点燃导火索，随着一声巨响，城门飞进城内20多米，城门楼在浓烟中飞向空中，7个日伪军葬身瓦砾之下。八路军战士冒着硝烟和尘土猛冲上去，缴获机枪一挺。被炸蒙的日伪军尚未清醒，就当了俘虏。战士们迅速扫清城楼两侧残兵，乘胜向城内进攻。爆破南门的勇士在地形不利的情况下，驮着“土坦克”向城门移动。刚进到城门时（城门外有一土坡），城墙守敌抛下一颗手榴弹滚到车下爆炸，爆破勇士1人牺牲，3人负伤，南门攻击受挫。这时守军见八路军已从北、西两面攻进城内，感到大势将去，拟下城躲藏，攻城勇士奋勇追击，将其全部活捉。攻入南城的部队占领了伪新民会；从西城墙攀登进攻的部队，在猛烈火力掩护下强攻，同时展开政治攻势。西北角炮楼的日伪军用绳子从城墙上送下40多支步枪，攻城战士随即攻进城内，直扑伪警备大队部，继而占领伪警察局、伪县政府和监狱，解救了被捕人员。攻进北城的战士，占领伪警察分局后，迅速攻入日本宪兵队，残余守军全部退到日军碉堡内。

18日下午5时前后，龟缩在碉堡内的日伪军，在保定日军增援接应下，胁迫不少群众仓皇出逃，致使攻城部队难以发挥火力。逃跑的日军在城东南被打死10多人，其余逃往保定。至此，被日本侵略军长期占领的满城县城获得解放。

电影《狼牙山五壮士》编剧之一孙福田

孙福田（1918—2014），满城大赛村人。1938年2月参加晋察冀军区第三军分区所属满城县青年突击队，后合编为第二支队完县游击队。1939年3月，调到晋察冀三分区冲锋剧社，直至1946年，先后在剧社任社长、指导员。1954年调中国戏剧家协会，先

↑《狼牙山五壮士》（孙福田、邢也、和谷岩著）

后任《剧本》月刊编辑部副主任、剧协副秘书长、党组副书记。1963年调任华北局宣传部文艺处处长。1973年调天津市文教组任副组长。1978年调市委宣传部任副部长。1982年任天津市文联副主席。参与写作报告文学、电影剧本《狼牙山五壮士》。

1941年秋，日本侵略军对晋察冀边区进行“大扫荡”。八路军某部班长马宝玉和战士葛振林、宋学义、胡福才、胡德林，接受了阻击日军的任务，登上狼牙山棋盘坨主峰。日军以三千兵力猛扑狼牙山。马宝玉等5位战士凭借居高临下的有利地形，与拥有飞机、大炮的敌人展开顽强的战斗。敌人接连发动了3次冲锋，均被他们击退，胜利地完成了牵制敌人的任务。但这时，战士们也已到了弹尽粮绝的地步。他们以石块为武器，狠砸冲上来的敌人，做殊死的拼搏。最后，5位壮士面对步步紧逼的敌人，毫无惧色地纵身跳下悬崖。

孙福田与邢也、和谷岩根据真实的战斗史实合著再现“狼牙山五壮士”英雄事迹的作品，使这一动人的故事广为流传，激发出英雄儿女们无比强烈的歼灭敌寇的豪情壮志。1958年他们将《狼牙山五壮士》改编成电影文学剧本，由八一电影制片厂拍摄。

电影剧作家田野

田野，1915年生，满城孙村人。电影剧作家。1935年参加北平“一二·九”学生抗日救亡运动。1937年北平沦陷后流亡西安，12月参加山西省临汾民族革命大学。1938年初，参加第二战区战地总动员委员会所属剧团，在晋西北抗日根据地工作近两年。1939年调晋察冀边区西北战地服务团工作，从事剧本、诗歌等创作。1944年任晋察冀边区群众剧社创作组长、社委等职。1945年3月加入中国共产党。1949年天津解放后任天津市文联秘书长兼剧协秘书长。1956年调长春电影制片厂，历任总编室主任、《电影文学》主编等。参加过中国文学艺术工作者第一、第三届代表大会。主要作品有多幕话剧《动摇》、三幕儿童剧《八路军与孩子》、独幕话剧《模范国民》、电影文学剧本《三八线上》（合作）、《响铃公主》（拍成电影《玉碎宫倾》）等。

↑ 电影《三八线上》海报

李堡村的“文化抗战家族”

满城的李堡村，是晋察冀一分区战线剧社社长王克修的家乡。王克修是这个艺术抗战家族中的长者。1938年前后，先后参加战线剧社的家族成员有其侄王佩之、王玉泉、王玉山，其子王玉峰。他们中多人参加过早期话剧《狼牙山五壮士》的排演工作。

王克修参加革命工作前曾任保定二师教员，与二师“七六学潮”革命烈士曹金月（满城北庄村人）时常交往。他在20世纪30年代参加过远东（亚洲）运动会并获得跨栏亚军。1939年1月，王克修任战线剧社副社长，投身于剧社的组织管理工作，自编的舞蹈有《持久抗战舞》《海陆空大联合》等。1940年一分区举办了一次运动比赛大会，杨成武司令员知道王克修有国际性比赛的经历，

↑ 抗日战争时期的王佩之

↑《战斗进行曲》（王佩之作曲）

指示他主抓运动会的程序安排。王克修与另外两位同志一道，把这场在战争期间举办的军人运动会搞得有声有色，十分成功。狼牙山五壮士跳崖后，军区决定为牺牲的烈士修建纪念碑。狼牙山山峭路陡，就采用在羊身上带两块砖瓦的方式，一群群的羊往山上驮运。剧社成员也参加了砖瓦装卸的工作。剧社成员怀着对英雄的敬意，用最短的时间创作排演出了三幕话剧《狼牙山五壮士》，到部队驻地巡演，极大地鼓舞了广大军民的抗敌斗志。

王佩之最初担任战线剧社的音乐队长。他自小酷爱音乐，为把所有乐器学会，他辞去教师不当而到保定的乐器店当店员。他曾和新中国军乐团的首任团长罗浪（时在战线剧社任教员）合作创作了大型声乐套曲《一分区进行曲》。他还创作了歌剧《不要杀他》（合作），受到周恩来总理和其他中央领导同志的称赞，后收入《平原文艺丛书》。他创作的《战斗进行曲》，战士们唱着“我擦好三八枪，我子弹上了膛……”，取得了解放战争的胜利。这首歌作为《革命历史歌曲》，在全国广泛传唱。

苏有林与上紫口村抗日剧团

苏有林，满城苏家庄人。1938年参加革命工作，初任晋察冀一分区战线剧社戏剧队长，后任副社长、社长。入朝作战时任65

↑ 抗战时期苏有林演出照

↑ 战线剧社演出照

军文工团团长。在艺术上，他是个全才，尤擅长戏剧，懂京剧和河北地方戏，也能演唱多种曲艺形式。他姥姥家是三区的上紫口村，由于常来串亲，他和上紫口村的人十分熟络，于是打算在上紫口村成立村剧团。

剧团成立大会后，村剧团安排好生产和排演的时间，大家生产互助，排练互帮，先排演了《放哨》《小过年》《兄妹开荒》几个小剧目，接着排演二十四场的《血泪仇》和《万年穷》。苏有林说，现在大家排了几出戏，有了点经验，但还要学会了解剧情和人物，学会表演。如果演戏只会念词，不会表演，那就不叫“戏”，别人也不会看，起不到任何作用。苏有林还把讲课内容刻了蜡版，油印出来送给每一个演员，并一个角色一个角色地讲解分析，让演员对所演角色有一个深入的了解。1943年7月15日，村里来了分区独立团驻扎。剧团正式登台演出，观众达上千人，演出获得了空前的成功。

苏有林在战线剧社时饰演的洛唐哥，成为晋察冀军区方向性的节目。他又在《狼牙山五壮士》等多部电影中饰演角色。1983年他深入山西吕梁山区，一年间音信全无，创作出了话剧《鸡鸣庄》。其弟苏国柱1938年参加八路军，曾任山西省军区政委。

《杨成武回忆录》中的抗日道长李圆忠

李圆忠，1878年生，又名李圆通，本名李药夫，满城魏庄村人。出身于武师家庭，早年从戎，后入狼牙山棋盘坨道观，潜心针灸之术。

1941年秋，日军大举进犯易县狼牙山地区，李圆忠道长率众门徒协助一分区杨成武司令员勘察地形，构筑防御工事。利用山上道庙与山洞为八路军掩藏被服、粮食，掩护救治伤病员。狼牙山五壮士棋盘坨跳崖后，班长马宝玉及战士胡德林、胡福才壮烈牺牲，副班长葛振林、战士宋学义被山腰树枝挂住，后被李圆忠道长发现并得到及时抢救而脱险。狼牙山五壮士的英雄事迹很快传遍了晋察冀及各抗日根据地。

在杨成武将军的回忆录中，曾多次提到狼牙山道士的爱国行动。1943年秋，日军烧毁了狼牙山上的道观，屠杀了山上的道士。李圆忠道长下山送情报，未在山上才幸免于难。杨成武在书中

↓ 1942年李圆忠道长（右二）与狼牙山五壮士幸存者葛振林（左二）、宋学义（左一）等

写道：在异族入侵、国破家亡的危急时刻，连出家人也都挺身而出，毅然投入保卫中华民族的斗争，成了我们的亲密朋友，多么可敬的道长呀！

1952年，李圆忠道长云游至山西浑源县，以针灸之术服务当地百姓。1956年当选为山西省政协委员。1957年参加在北京召开的道教协会成立大会，受到国家领导人的接见。1957年年底，他去了陕西终南山楼台观，此后行踪不明。

抗日英烈朱家麟

↑ 抗日英烈朱家麟

朱家麟（1892—1938），又名朱德馨，满城尉公村人。保定陆军军官学校毕业，国民革命军第40军39师115旅少将旅长。为人质朴忠诚，持身严谨，驻防河南安阳时，俘获当地两大土匪，缴获大量烟土，全部烧掉。朱家麟平时经常穿着军装、布鞋，为人节俭，为官清廉。1933年春，时任团长的朱家麟率部血战长城罗文峪一线，斩杀日军数百人。1938年5月11日，奉命率部掩护全军从江苏沛县突围，被日军团团围困，坚持到手下士兵仅剩十几个人时，朱家麟抢了一辆日军吉普车冲向日军，与敌对射，最终壮烈牺牲。

1988年，朱家麟被民政部追认为革命烈士。2014年9月1日，朱家麟被列入民政部公布的第一批300名著名抗日英烈和英雄群体名录。2014年9月3日，保定军校纪念馆为满城籍抗战英烈朱家麟举行了纪念碑揭幕仪式，朱家麟铜像也于同日在该馆落成。

解放战争时期

满东战役

1946年12月，为歼灭国民党军有生力量，粉碎来犯国民党军的企图，晋察冀军区决定乘敌立足未稳之机，集中三、四纵队共四个旅的优势兵力，发起满东战役。

此次战役，击毙国民党五十三军第三八八团400多人，卢化南二、三团一部；生俘五十三军第三八八团团长佟道以下官兵1560余人，卢化南部539人，合计2100余人。缴获美式山炮3门，平射炮1门，战防炮5门，迫击炮7门，火箭炮3门，六零炮30余门，重机枪20余挺，轻机枪85挺，反坦克枪7支，冲锋枪147支，步枪1500余支，短枪20余支，各种弹药10万余发，以及电台、电话机等军用物资。

南奇战斗

1947年夏，国民党五十三军及卢化南部龟缩保定，四面楚歌。盘踞满城的国民党地方武装在人民解放军连连取得重大军事胜利的威慑下，于6月26日弃城东逃南奇，网罗汉奸、特务、地痞、流氓，妄图凭借南奇四周环水的地形优势，与保定守军相互策应，负隅顽抗。应满城人民的要求，华北野战军第四纵队经批准后，决定发起南奇战斗。

7月5日10时开始，十旅以猛烈炮火轰击南奇外围据点龙泉寺工事，二十八团三营打垮了龙泉寺守军100多人的抵抗，攻占了龙泉寺，再延伸炮击南奇周围碉堡。二十八团二营对南奇攻坚。南奇四周环水，水深濠宽，守军据险坚守，二营进攻受挫。纵队政委胡耀邦亲临阵地指挥，命炮火再次猛轰碉堡，由六连挑选会水的战士，组成突击队，涉水强攻，命令部队班长以上指战员手挽手，冲锋前进，突破敌人防线，攻入南奇。又经数小时巷战、肉搏，守军大部被歼灭。国民党满城县保安警察大队长卢化南率残部退守村东北隅，凭借沟宽三丈、水深八尺的工事作最后挣扎，等待保定援军。黄昏，满城县武装部长刘云率民兵随大部队进入南奇，消灭零星散兵，清扫周围战场。

↑ 生擒卢化南

6日拂晓，攻坚战开始，解放军指战员在强大火力掩护下，泅过壕沟，冲入院内，展开肉搏，激战两小时，全歼守军。这次战斗，共歼灭俘获国民党地方武装千余人，其中毙伤240余人，生俘870多人，生擒卢化南，缴获迫击炮一门，轻重机枪15挺。

在南奇战斗中，解放军94名指战员壮烈牺牲。为铭记烈士的丰功伟绩，党政军民怀着沉痛心情安葬了烈士遗体，在一亩泉建造了烈士碑亭。经此战，满城县全域解放。

抗美援朝时期

“王成式英雄”的见证者陈亚夫

陈亚夫（1914—1990），满城西荀村人。1929年8月加入中国共产主义青年团。1931年8月转为中国共产党党员。1932年任中共保定特委中心支部组织委员、互济会会长。在求学期间因宣传抗日救亡、发动群众抗捐抗税，三次被学校开除。1933年满城县党组织被破坏后，国民党当局三次武装抄家缉拿陈亚夫。陈亚夫辗转于平津冀晋地区坚持地下斗争。

1937年抗日战争全面爆发后，陈亚夫组织起一支500多人的抗日游击队。1937年11月，参加八路军。历任晋察冀军区第三军分区连政治指导员、营教导员，易县、龙华县支队副政委、第四十五团政委。解放战争时期，任晋察冀军区第六旅政治部副主任，随营学校副政委、政委，晋察冀军区野战军第二纵队四旅政治部主任，第六十五军独立第三十一师、第一九四师政委。1941年秋，陈亚夫奉命率部保护军分区全部经费，圆满完成任务。抗日战争和解放战争时期，率部参加了黄土岭、百团大战、绥远、察北、冀东、清风店和平津等战役战斗。

新中国成立后，陈亚夫曾随第十九兵团率部赴朝，参加抗美援朝第五次战役，在西线阻击美军。1953年1月任65军政治部主任。同年，被授予二级独立自由勋章。在此任上，陈亚夫、团长张振川（后任河北省军区司令员）向来到朝鲜前线的作家巴金讲述了所部赵先有烈士在前沿阵地喊出“向我开炮”的英勇事迹。巴金据此写出小说

《团圆》，后改编为经典电影《英雄儿女》。1955年，陈亚夫被授予大校军衔，获二级独立自由勋章、二级解放勋章。1961年晋升少将军衔。1961年调任石家庄步兵学校政委、党委书记。

↑ 陈亚夫

1966年“文革”开始后，陈亚夫调总参技术工程学院任第二政委、党委第一书记，后被诬陷为叛徒、特务、“走资派”的罪名。在1967年2月初的军委会议上，与会人员认为陈亚夫应该予以保护。1969年任解放军第一外国语学校政委。1978年3月调任总参三部副政委。1982年离休后被推选为中国老年书画研究会副会长。1988年被授予一级红星功勋荣誉章。

“抗美援朝”志愿军司令部办公室主任李炎

李炎（1917—2010），原名李秉忠，满城李家佐村人。1932年考入北平（今北京）香山慈幼院中学部，后转入河北省立易县第八中学。读书期间，因被怀疑是共产党员，被学校开除。1934年10月到北平一家卫生脱脂棉纱厂做工，一面做工，一面坚持学习，逐步接触了进步思想。

1937年抗日战争全面爆发后，李炎于1938年5月在河北宛平县（今属北京）斋堂镇参加八路军，同年加入中国共产党。先后任平西邓华六支队政治部宣传员、三十三大队技术书记、挺进军第七团秘书、政治指导员等职。1940年10月任房（山）涞（水）涿（县）县新兵团营政治教导员及挺进军七团参谋。1944年4月任平西军分区作战股股长。1945年8月任挺进军七团参谋长。1946年4月任冀察军区和二纵队队列科长。1949年1月任中国人民解放军第二十兵团司令部队列科长。抗日战争和解放战争时期，参加了开辟雾灵山根据地、冀东暴动以及围困涿鹿、渡口堡、兴和与尚义县、归绥 、保北、太原、包头等战役战斗。

新中国成立后，李炎参加了抗美援朝战争，担任中国人民志愿军司令部队列科科长、办公室主任，并担任机关党委书记。回国后，先后担任解放军总参谋部军务部处长、副部长，军务动员部部长、军务部部长、顾问等职。1955年被授予上校军衔，获二级独立自由勋章、二级解放勋章和独立功勋荣誉章。离休后撰写了《渡口堡歼灭战》《进军雾灵山》《抗日战争时期张学思同志在平西》等文章。

“保定工商号”飞机的倡捐者陈国璋

陈国璋（1911—1994），满城尉公村人。保定市民建、河北省民建的创始人之一，历任保定市人民政府第一届副市长、保定市政协第一届副主席、民建市委主委、民建省委副主委、民建中央委员等。

解放战争时期，陈国璋以实业家的身份掩护和协助党开展地下活动，营救共产党人，为解放区筹集给养和药品。新中国成立初期，他积极响应党的号召，率先认购国债，组织参加全国各地的物资交流活动。抗美援朝时期，他率先捐款800万元，带动全市工商界捐献了一架“保定工商号”飞机，又代表保定市人民赴朝慰问志愿军。1954年，他将自营十多年的“保记油厂”率先实行公私合营。改革开放后，他积极为全市经济工作建言献策。

新中国建设时期

“先进卫生科”谱写军爱民的颂歌

1968年初春，驻军保定市的38军113师卫生科响应党和毛主席的号召，经常派出医疗队到驻军附近的农村巡诊看病。当来到满城县郎村大队巡诊时，发现一名叫张秋菊的妇女肚里长瘤，开始只有碗口大，虽经多次到城里的大医院诊看，都未能治好，肚子反而一天天增大，像个大锅一样，连呼吸都困难，生活不能自理。按当时的医疗水平，几无治愈的可能。

1968年2月28日，113师卫生科用救护车把张秋菊拉到驻地满城县五里铺师医院，决定实施手术治疗。做这种手术十分危险，几家大医院都不愿做。卫生科经过讨论一致认为，只要有百分之一的希望，就要做百分之百的努力，以忠于党、热爱人民的高度，挽救兄弟姐妹的生命。

3月23日，经过12个小时的艰苦努力，成功地为张秋菊切除了几十斤重的巨大肿瘤，创造了医学史上的奇迹。7月16日，北京军区给113师卫生科记集体一等功。同年8月1日，中央军委发布命令，授予113师卫生科“全心全意为人民服务的先进卫生科”称号。《人民日报》《解放军报》《光明日报》等均以整版的篇幅报道。连环画《春风杨柳万千条》（上海人民出版社，1972年版）、《李维超》（河北

↑ 解放军护理人员李维超（左）与病愈后的张秋菊在麦田劳动

人民出版社，1972年版）及相关图书相继出版。

病愈后的张秋菊体质健康，一直坚持参加生产劳动，活到近90岁。当年，她到全国各地宣传演讲，表达她对党和人民军队的深厚感情。先进卫生科也每年定期派出医护人员到张家看望、体检，谱写了一曲军爱民、民拥军的颂歌。

创办八大岭航空博物馆的韩文斌

韩文斌，中国航空博物馆总工程师，第二任馆长。空军大校军衔。退役后在家乡满城创办了八大岭航空博物馆。

1950年，韩文斌出生于杨家庄的一个革命家庭。父亲韩凤奎是1926年入党的老红军，参加过党领导的完县（今顺平县）“五里岗暴动”，后任易县副县长。他从小受到家庭的熏陶和社会的培养，养成了好学上进、严谨认真的品行。1968年1月，参军到某部航空修理厂。两年后任中国航空博物馆首任总工程师，1994年任第二任馆长。因热爱航空事业，凭着熟练的业务能力，被誉为“飞

↓ 学生们到八大岭航空博物馆参观学习

机拆装大师”，军内外报纸曾广泛报道。

2004年退役后，韩文斌将倾尽积蓄收藏多年的退役机型和相关藏品运回家乡，创办民间航空博物馆。从2007年开始，筹建并开展集航空知识普及、爱国主义教育于一体的科学普及项目，成为河北省批准的爱国主义教育基地。

“当代中国保尔”王树梁

↑ 病榻上坚持写作的王树梁

↑ 王树梁创作的《山林支队》等五部长篇小说

王树梁（1924—2005），作家，满城人。1939年参加八路军，曾在延安抗日军政大学学习。解放战争时期任机关参谋。抗美援朝时任作战科科长、副处长。回国后任训练处处长，并参加战史编写工作。1965年，因病下肢瘫痪。他以苏联英雄保尔·柯察金（《钢铁是怎样炼成的》小说主人公）为榜样，历时5年，创作出版80万字的长篇小说《山林支队》（北京出版社，1976年出版）。出版了长篇小说《缺口从这里打开》（解放军文艺出版社，1990年版）、《千山万壑》（华夏出版社，1994年版）、《战神情缘》（中国文联出版社，1994年版）、《黄河之滨》（华夏出版社，2001年版），共计400多万字。《人民日报》曾载文对其进行报道。

国防部命名的“爱民模范”谢臣

谢臣（1940—1963），中国人民解放军爱民模范，回族，河

↑ 谢臣烈士勇救落水儿童塑像

北省易县人。1959年11月加入中国共产主义青年团。1960年3月应征入伍。入伍前，谢臣是人民公社的模范社员。入伍后，受党的教育，思想觉悟不断提高，逐渐成长为一名出色的人民战士。他在日记中这样写道："毛主席要我们学习白求恩毫不利己专门利人的精神。我响应毛主席的号召，做一个'利他主义者'，这就是我的理想和志气。"他常说："我们是人民的子弟兵，凡是对人民有利的事，就应该多做，自觉地做。"他工作积极，学习刻苦，经常为驻地群众做好事，多次受奖，被誉为"爱民标兵""节约模范"。

1963年8月上旬，河北省保定西部地区连降暴雨，河水猛涨，连队驻地东高士庄有被洪水淹没的危险。谢臣和战友一道，挨家逐户动员群众转移，背扶年老体弱的群众上山。8日，山洪骤发。他奋不顾身跃入激流，救出一名落水妇女。当又听到落水者的呼救声时，他虽筋疲力尽，仍坚持游向激流，救出儿童，自己却因体力不支，被巨浪吞没，英勇牺牲，年仅23岁。

谢臣所在部队党委根据他生前愿望，追认他为中国共产党党员，并追记一等功。1963年11月，中国人民解放军北京军区追授他"优秀共青团员"称号。1964年1月22日，中华人民共和国国防部追授他"爱民模范"荣誉称号，29日命名他生前所在班为"谢臣班"。贺龙、聂荣臻分别为之题词。河北省保定市建有"谢臣烈士纪念馆"和"谢臣烈士纪念碑"。满城区岭西村西建有"谢臣烈士纪念碑亭"。

革命烈士纪念碑亭·烈士陵园

黄甫俊烈士纪念碑亭

位于满城城区西南5公里抱阳山上，碑亭为六角攒尖式，亭座有台基，高30厘米。纪念碑为青石质料，抹角长方形，碑阳楷书“永垂不朽”四个大字。碑阴为烈士的英雄事迹。碑高1.60米，宽0.64米，厚0.13米。现基本保存完好。

1931年，黄甫俊参加红军，转战南北。1945年，曾担任保满支队队长，华北野战军四纵队十二旅三十四团团长。1948年，在解放香河战斗中不幸牺牲，年仅31岁。

萧德顺烈士纪念碑亭

位于满城城区西偏北7.5公里的石井村南保涞路北侧。纪念碑为汉白玉质料，抹角长方形。碑额为“万古流芳”，碑高2.18米，宽0.77米，厚0.21米；长方形青石碑座，长1.10米，宽0.62米，厚0.21米。碑亭为四角楼型，四擎柱，木、瓦、石构筑。

碑文主要记载了萧德顺烈士的生平及生前在抗日战争中的英雄事迹。1945年，在一次执行任务时不幸牺牲，年仅

↑ 萧德顺烈士纪念碑

↑ 谢臣烈士纪念碑亭

↑ 抗战烈士纪念碑

23岁。

碑阴记载了萧德顺烈士的战友刘金良、王立子两位烈士的英雄事迹。

谢臣烈士纪念碑亭

位于满城城区西北20公里的保涞路北侧、岭西村西的高地上，又称“抗洪抢险烈士纪念碑亭”。1964年建成。北倚群山，南临界河，山清水秀，庄严肃穆。

碑亭木质结构，瓦顶，护围墙长宽均为23米，占地面积529平方米。谢臣烈士纪念碑立于亭中央，背北面南，青质石料，长方形莲花碑座。碑身高1.71米，宽0.67米，厚0.15米。碑文记载：谢臣等11名烈士于1963年抗洪抢险斗争中，为保卫国家财产和人民生命安全，献出了宝贵生命。为此，国防部追授谢臣“爱民模范”并追记一等功。建亭立碑，以示纪念。

抗战烈士纪念碑

位于满城城区西北15公里寺角村西落凤坡山腰。1941年7月7日，为纪念抗日战争牺牲的烈士而建。碑身为汉白玉质八角形，顶端呈圆锥形，底座为青石四方形。高3.15米，正面（东侧）下端为刘光宇撰书的碑文。其他面刻有137位烈士小传和业绩。1948年，碑复制品迁于抱阳山烈士陵园。

抱阳山烈士陵园

位于满城城区西南5公里抱阳村。1948年4月5日建成。安葬着在抗日战争和解放战争中牺牲的烈士326人，另有从全县域内迁来的烈士坟墓607座。

每年的清明节、烈士纪念日，域内机关、团体、学校等都在此举行扫墓、公祭活动，成为进行革命传统教育、继承英烈遗志、弘扬英烈精神的重要场所。

↓ 抱阳山烈士陵园

中国民间文化遗产抢救工程
THE PROJECT TO CHINESE FOLK CULTURAL HERITAGES

满城汉墓出土的窦绾铜印章，显示着西汉王后的文化素养和铸刻工艺。宫中行乐钱和铜骰子，则反映了西汉贵族奢侈休闲的游艺生活。在民间，多以绘制简易图案、捏塑猪狗动物、下石棋等来展示古人的审美和快乐。明、清以来，社会进一步发展，从而促进了民间戏曲、音舞、书画、武术、工艺等的繁荣。清康熙年间，谒山社17个自然村有近百道花会，仅石井大圣会就有七八百人之多。至清末，民间艺术“娱神”功能消退，渐次成为民众热心参与、抒发民众心声的重要社会文化活动。

↓ “大头会”西游记

第五章
文脉流长 民艺飘香

↓ 跑驴

民间花会

满城民间花会主要有寸跷、高跷、狮子、龙灯、太平车、旱船、少林、跑驴、音乐会、大头会等。抗日战争和解放战争时期，秧歌舞、霸王鞭舞、腰鼓舞等开始传入满城。群众和学生以舞蹈形式走上街头，到集市或庙会宣传抗日，反对内战。新中国成立后，曾流行集体舞蹈《找朋友》《采茶扑蝶舞》《跑驴舞》《花里虎》《彩球舞》等。

花会组织形式分会头、管事、炮手、旗手、演员等。有文会、武会两大类。文会以吹奏为主，武会以表演为主。

高跷会

相传满城踩高跷活动约有200年历史，跷长80—100厘米，多用杨柳木。演员20名左右，主要角色有陀头、樵夫、农妇及传统戏剧角色。陀头俗称“打头鬼”，扮金脸，留一字胡，穿皂衣，双手各执木棒开路，兼指挥演员动作和队形变化。最后边由4个演员分别击打手锣和腰鼓伴奏。主要表演动作有踩街、劈叉、金鸡独立、鹞子翻身、翻跟头、跳障碍物、卧地取物等。满城黄村、高荆、寺角、翟家佐等的高跷会较有名。有的高跷会在踩街时，用昆曲演唱古诗名篇，如杜牧的《清明》等，一路载歌载舞。

龙灯会

龙身以白布或纱质布料做成，彩绘成鳞。长5—8米，分8—12

节，每一节用一木棒固定在龙肚下，由8—12人执一龙表演，动作要求协调一致。每道会由两条龙组成，前有一童执彩球起舞。常见的形式有走圆场、二龙戏珠、二龙出水。满城龙灯会以石家佐、荆山、南峪、方顺桥等村较有名。

大头会

演员将特制的大个假头道具戴上，随乐队舞蹈，动作单调。新中国成立前后，主要节目有《大头和尚逗（度）柳翠》。1978年后，多改为《西游记》及传统剧目角色。满城大头会以东峪、西庄村较有名。

狮子会

又称“神兽会”，以麻或牛尾作毛缀于布质狮皮上，成狮由两名演员表演，前边演员手执硬壳狮头，后边演员弓身披狮皮。幼狮由一名演员扮演。一般每道会有2—4只成狮，1—2只幼狮，狮童1人。狮舞的主要动作有晃头、站桩、抖毛、打滚、蹬球、跳跃障碍等。满城狮子会以白堡、寺角、东峪、高荆、李家佐等村较有名。

↑ 民间花会

太平车会

据传有200多年历史。太平车由两人或三人表演。两人表演的为老汉推车，车内少女“盘坐”（多扮古装）；三人表演时前边加一老太婆拉车（多

↑ 观看花会的人们

↑ 锣鼓喧天快乐年

↑ 观看花会的人们

扮丑角）。演员随乐队边扭边唱，以民间小调为主。太平车用竹竿、木棍扎成，车身周围用布围起，两侧画轮，顶端罩彩棚，车中央留圆孔，少女假腿呈“盘坐”状。太平车会用演员和乐队较少，道具简单，容易组织演出。满城太平车会以西庄、翟家佐村较有名。

吹打班

民间吹打班历史悠久，明、清时已盛行。一般由7—12人组成。主要乐器有笙、管、笛、唢呐、胡琴、手鼓、手锣等。逢祭祀、庆典和婚丧嫁娶，大多请吹打班渲染气氛。吹打班有“七吹八唱”之说（七人班仅吹奏，八人以上加清唱，俗称“座台腔”）。常见曲牌、剧目有《海青歌》《流水板儿》《备马令》《学舌》《顶嘴》《胡闹儿》《探皇陵》《小放牛》《女吊孝》《小二番》《茉莉花》《大登殿》等。

民间戏曲

民间戏剧

流行剧种有河北梆子、评剧、老调、大秧歌等。民间剧团大多是业余的，演职员均为村民，农忙时参加劳动，农闲时边学边演。抗战时期，各根据地村普遍建立剧团，宣传抗日救国与生产自救。业余剧团最为活跃的村庄有翟家佐、上紫口、寺角、北庄等。主要剧目有《皖南事变》《血泪仇》《二流子转变》《大战黄土岭》与自编剧目《崔洛唐（晋察冀边区拥军模范）》《过光景》等。晋察冀军区“火线剧社”在老区广泛活动，对剧团帮助很大。田华、鲁艺等多次到上紫口剧团进行辅导。在此期间，孙村的田野和苏家庄的苏有林成为骨干并成长为剧作家、艺术家。

↓ 民间戏剧演出

↑ 寺角村雹神庙大门

雹神庙与《胡体骂阎》 满城柿子沟寺角村的山岭上有一座雹神庙，敬奉的雹神叫胡体，每年立夏都有盛大的庙会纪念他。

别的地方敬奉的雹神有李左车，或秃尾巴老李，这里为何供奉胡体呢？当地人认为，胡体即是魁星转世，由于长相丑陋，被点为状元后却因长相不佳而取消了新科状元资格。胡体听闻，撞门而死。因为胡体乃魁星下凡，阎罗殿无人敢收留，反遭胡体一阵痛骂，痛斥阎王陷害岳飞的事实。阎王无奈，上奏玉帝封胡体为雹神，让人间老百姓年年骂他。

胡体做了雹神，体恤当地百姓，只将雹子下在荒山野岭之间，百姓过着丰收太平的日子。于是老百姓就修了雹神庙专供胡体。每年立夏庙上还专唱一出《胡体骂阎》的戏。当地人称“唱神戏”。

满城“跑竹马” 跑竹马，又称“跑马灯”，流行于全国多数地区。民间儿童以竹竿做马骑于跨下，南宋时已有记载，明、清时盛行。

满城的跑竹马与众不同，跑竹马的角色由八九岁的孩子扮演，唱词不多，广场空地做戏，锣鼓一敲，群众围成一圈。首先是萧天佐、萧天佑上场围场子转，然后站列一边。接着是萧龙、萧虎上场，围场转舞。上场四人站成八字形，自报家门：“萧天佐是也，萧天佑是也，萧龙是也，萧虎是也！”然后萧天佐白：“今日太后升帐，你我在此伺候。”众白：“请啊！”四女将上场，按八字站立两厢。萧太后上，站在八字中央，白：“家住在北方，养马不种田，雄兵有百万，战将有千员。”左边白：“英雄无比！”右边白：“盖世无双！”萧太后白：“今日天气暖和，不免围场打猎一回。”众白：“请！”然后跑舞成一个圆圈。小老虎、小狮子上场，众将轮流与狮虎斗舞，然后放小炮仗两声，狮虎应声倒下。萧天佐白：“将狮虎擒住！”萧太后：“撤开木栅回营！”然后下场。

这个节目在1949年前仍流传，每年春节、元宵节时与其他节目一起演出。满城跑竹马为何这般表演呢？相传，辽国萧太后在满城住过，还曾到城西北的鱼条山游玩。这段历史就反映在了满城的民间艺术里，成了历史的活化石。

民间曲艺

流行于满城的民间曲艺主要有西河大鼓、评书、木板书、快板书等。新中国成立前，曲艺演员自行搭班活动，于集市、庙会设摊演出。一个段子结束后，演员在观众中敛钱，俗称“讨小钱”。农闲时，艺人走乡串村，敛些粮米，以养家糊口。西河大鼓源于大清河一带，一般由1名演员和1名伴奏员合作演出。演员左手执两块牙形铜板敲击节奏，右手打鼓。伴奏员弹三弦（旧时伴奏员多为盲人）。清末民国初期，满城西河大鼓演员赵金章红极一时，主要曲目有《杨家将》《呼家将》《包公案》。评书演员手拿折扇与醒木（小木块儿）为道具，以说为主，模仿各地方言，加之口技。满城城内村张庆昌除说功见长外，还能学鸟叫虫鸣等，观众称之为“画眉张”。木板书源于满城。演出时，演员边唱边用两块木板打击节奏，因而得名。新中国成立前，北庄木板书演员毕玉喜较有名，经常到周围各县演出。1958年后木板书在满城绝迹。快板书演员手执一大一小两副竹板，自打自唱。域内张甲祥，1956年参军，1981年转业后任河北省曲艺团团长，省群艺馆党总支书记、研究员。主要曲艺作品有《摔跤》《大闹椰子林》《三代羊倌》等。域内西佃庄村常志为著名快板演员，在河北省曲艺团工作，演唱的《武松打虎》《西游记》等深受民众欢迎。

在民间，还有“打牛胛骨”的形式。用牛胛骨两块，上系数个小铜铃，双手各执一块，边打边唱。旧时，打牛胛骨是乞丐行乞的一种形式，自编自唱，唱词简单上口，多是一些恭维喜庆的词句。如“这几年，我没来/你老人家发大财/你发财，我沾光/你吃肉来我喝汤”。此形式1949年后绝迹。

↓ 民间戏剧演出

民间美术

满城民间美术可追溯到汉代，大量出土的汉代石雕、铜塑及中山靖王刘胜墓出土的大量精品。唐宋桥梁石雕、元代石像生、明清庙宇泥塑、壁画等，都有较高的艺术价值。清末城内村毛小亭的国画，民国时期翟家佐村翟老祥的泥塑、纸扎，城内村郭老平画的神像、山水及泥塑，都有较大影响。20世纪80年代以来，李家佐村陈征尔的剪纸作品如《纺线》《喂猪》《耕地》《六畜兴旺》等，生活气息浓厚，曾在《中国文化报》《保定日报》上多次发表。根雕艺人杨占平，二十多年来钻研根艺，作品天然质朴，被河北省轻工业厅、省文联评为“民间工艺美术大师”。西部山区多太行奇石，石形崔嵬峻奇，成为根艺盆景爱好者的新宠。2003年，展示满城书画、摄影成果的大型图书《燕南赵北翰墨香》公开出版发行，收录的满城籍书画家有刘宁一、陈亚夫、李中贵、范学礼、孙贵璞、张钦祖、段其水、苏

↑ 剪纸

↑ 发丝画

↑ 版画

↑ 神星、南峪吊画

铜、冉江、曹宝泉等。

神星、南峪两村有一个非常古老的民俗，就是正月十五“挂吊画”，也称“挂吊挂”。一般吊画和宫灯同时挂在村中大小街上，“挂吊画”活动一般都由灯会会首组织。

吊画是民间美术的重要表现形式之一，以民间造型艺术为主题，展现民族、民俗以及历史等各层面，因此，被联合国教科文组织称为“以传统为基础的集体和个人创作”。

两村吊画起源于何时，无考，可是从古人留下来的吊画看，特色却十分明显。一般长六尺，宽二尺，在白布上两面画各种人物故事，如《三国演义》中的桃园三结义、关云长单刀赴会、刘关张三战吕布等，《水浒》中的三打祝家庄、武松打虎、李逵大闹忠义堂等，《西游记》中的三打白骨精、智过火焰山、龙宫借宝等，《封神演义》中的哪吒闹海、姜子牙封神，以及许多像八仙过海、吕洞宾等道教人物故事，还有民间传说白蛇传、梁山伯与祝英台等故事。

吊画的做法是请当地著名的画师在白布上彩画，后用桐油浸刷，并加以精美的装饰。吊画分上、中、下三层，画的内容有的为连续故事，像连环画一样，所以一道吊画多为比较完整的故事。现存神星村的吊画为本村画师宋茂林所作。

民间文学

民间文学源于劳动人民的口头创作，具有通俗、活泼、幽默的特点，在笑声中让人受益。民间文学具有鲜明的地方性，每个地域都有其代表性的作品，比如满城龙门的传说、神星的传说、尧访舜的传说等。民间文学包括神话故事、传说、笑话等，适于口头表达，不拘形式、场合，容易普及流传。民间文学旧时称作“说曲儿”，大人对孩子讲，街头巷尾讲，田间地头讲，凡有人群的地方，几乎都有它的存在。

1987年，满城首次编辑出版了《满城民间故事选》（内部资料，满城县民间文学三套集成办公室编，1987年2月）一书；2006年12月，出版《满城文学作品选·民间故事卷》（政协满城县委

↓ 域内出版的民间故事图书

↑《双槐岁钞》

员会编，中国文联出版社）；2012年11月，出版《中国民间故事全书·河北满城卷》（浩渺主编，知识产权出版社）。

小儿庙的故事

明代黄瑜《双槐岁钞》卷六载，保定满城县南门有先圣大王祠，供奉项橐。项橐，春秋时期鲁国人。年七岁，孔子见而奇之。十岁而亡，时人尸而祝之，号“小儿神”。后世尊项橐为圣公。

相传，孔子东游时遇到七岁的孩童项橐，两人攀谈起来，项橐对答如流，滴水不漏，能言善辩且富有哲理。项橐被人们誉为“圣人之师”。古代典籍《战国策》《史记》等均有此记载。

虽然各地很早就有先圣大王祠或项橐庙了，但记载于史册上的较为少见。满城小儿庙原建于满城南关，足见先民对项橐聪慧和勇气的赞佩。遗址今已不存。

黄土寨藏宝之谜

黄土寨，又名黄土山，位于满城城区西北侧。据清《读史方舆纪要》卷十二载，黄土山，县北十里，山顶平旷可居，石中有泉，昔人避兵于此。民国版《满城县志料》记载，黄土寨悬崖陡峭，土石作黄色，相传古人屯兵于此。

黄土寨深藏玄机，充满着神秘的色彩。山巅天然平石上镌刻有一首诗，诗曰：黄土一债四明阳，提防惶惶避刀枪。因为两国争天下，老君至下度人舡。旁侧有一块精雕四方汉白玉仙鹤石，中凸圆形，绘有绳结状和仙鹤图案。当地民间文化研究者认为，黄土寨是明初燕王夺权（靖难兵变）时埋藏金银重器的藏宝之地。此说一出，多年来引发了社会各界的广泛关注，人们从不同的角度，阐释关于黄土寨诗、图案的注解。2007年春，中央电视台《走遍中国》栏目组到满城，拍摄了《黄土寨藏宝之谜》并在央视四套播出，引发了新一轮探寻黄土寨诗文之谜的热潮。2009年春，黄土寨文化研究会辑印出版了《黄土寨文集》一书。

↓民间文化研究者研讨黄土寨文化

义军败刘秀

东汉建武元年（25）光武帝刘秀追杀尤来、大枪、五幡等部农民军起义于北平（今满城），破之于顺水（今满城漕河）北岸。后光武帝刘秀为义军所败，退保范阳（今定兴固城）。民间流传有《蝼蛄救驾》《椿树封王》《五子伍侯》等有关刘秀的民间故事。

民间益智游戏

小鸡跳井

小鸡跳井的棋盘就是在地上画一个大大的“区”字，再在“区”字的开口处画一个圈，就是井。两个人玩游戏，每人两个棋子，分别放在“区”字上下两条边儿的两端。赢的方法是移动棋子，每走一步，直到使对方的棋子被憋住不能移动而跳井，则胜。也有叫“青蛙跳井”的。

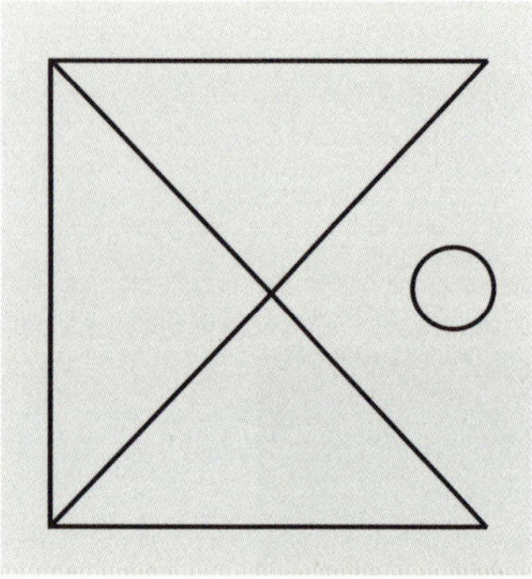

↑ 小鸡跳井游戏图

踢房子

在废闲空地上先画出游戏图。游戏方法：将一块石板片（或木板）放置始发处，顺着箭头抬起一只脚，另一只脚向前踢着石板片往前行。规则是不能换脚，脚和石板片都不能压线。每圆满踢完一次，可向图内任意一格投掷，石板片落在哪格，哪格就是自己赢下的“房子”（在房子内可以把抬着的脚放下，歇歇气儿）。如果掷出的石板片压了线或出格，投掷无效，取消选房资格。直至一方将“房子”占完为止，先占完者为胜。

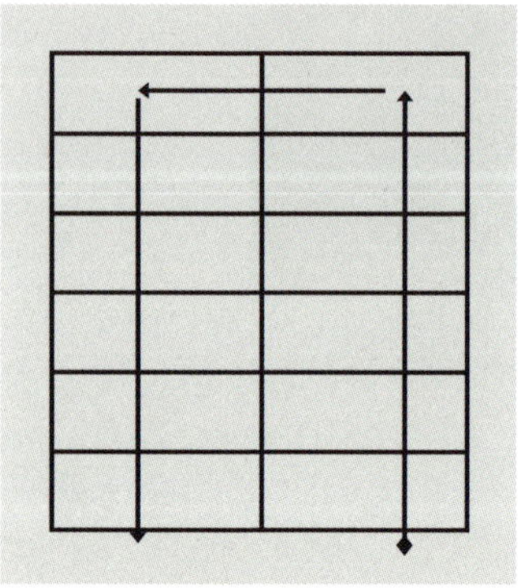

↑ 踢房子游戏图

下连

在地上画出游戏图。先放子。甲乙双方各执11子，轮流各放一子。可放在“十”字或“丁”字及各角。放子时要设法构成三子相连，即“成连”。还要设法阻止破坏对方“成连”。一旦成连，就可吃掉对方任意一子。如此放完为止。放好后开始走连，一次只能走相邻的一步，设法奔着“三子成连”的目的走，成连后即可吃掉对方一子，直至吃完为胜。“下连”有九子连、十二子连的玩法。

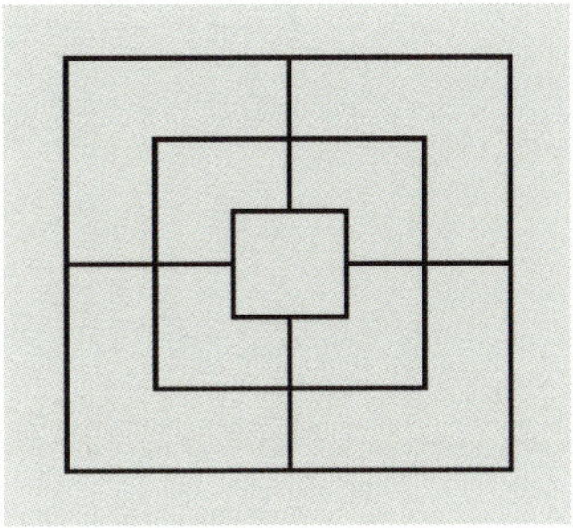

↑ 九子连游戏图

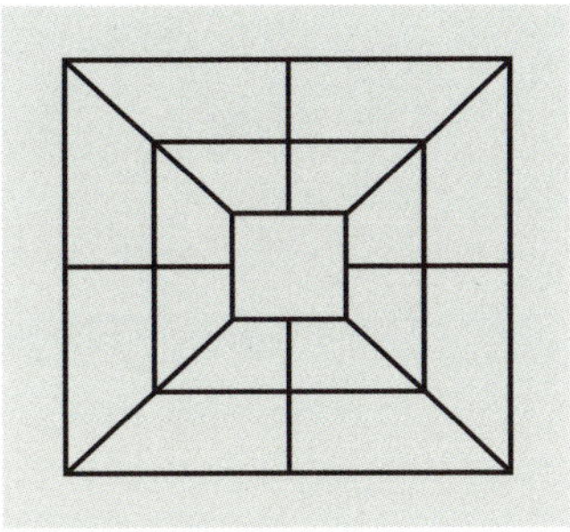

↑ 十二子连游戏图

走五花

在地上画出游戏图。甲执一子放置图的正中，乙执20子平均放置四个“米”字处。五个“米”字，状如菊花，故称“五花”。规则是：乙每子只能走相邻一格，尽量铺散开堵住甲的行走。甲除此之外，还可跳过乙有子的一格。每跳过一次，即可吃掉乙中间一子。结果是：乙把甲关进“地牢”（三角图）并困在正中央，乙方为胜。如果乙被甲吃子过多，无力将甲逼进“地牢”，则乙失败。

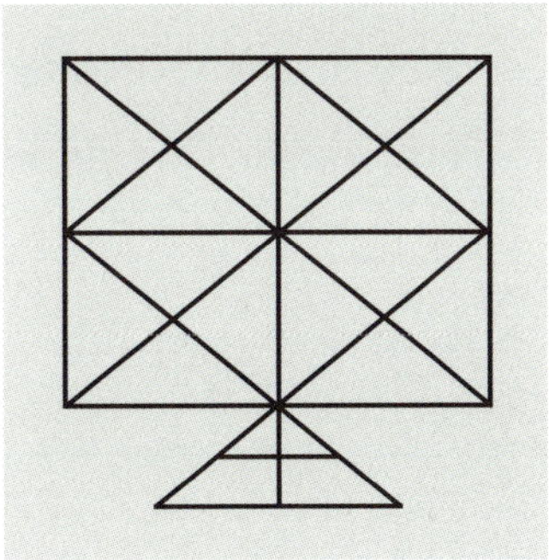

↑ 走五花游戏图

打瓦

“瓦”即旧砖头，打瓦即是在一定距离按照规定的方式将竖立的砖头击倒。打瓦又叫“拍砖”，也有叫“投递马儿”（音）的。场地一般在闲场院或街头。先在地上画两条线，两线相距数米，一条线供放置竖立的砖头，一条线为玩游戏人的定位线，不得踩线、跨线。一般为2—4人，无论多少人，均分为人数相等的甲、乙两组做“对抗赛”。步骤是：划拳分出先后顺序，同组的伙伴在线外投击另一组竖立的砖头，是为“头拍”。头拍人员每人手握自己的砖头，击拍另一组竖立的砖头。约分为7步（跳），每一步以击倒对方全部目标为胜，可晋下一步（跳）。如同组有人未击倒（或犯规），则请另一组上场。若不胜，即又轮到“头拍”组上场。如此循环。以下是7步（跳）的基本动作（顺序或不准确）：将砖放到大腿上，一脚独立前行至放置另一组砖头的线位，寻找角度将目标击倒；将砖放在肚子上，仰肚目测击砖；将砖夹在膝盖背后处，单腿跳行击砖；将砖放在肩头，单腿跳行击砖；将砖放在后背，单腿跳行击砖；将砖放置头顶，单腿跳行击砖。还有将砖勾在脚背上，单腿跳行击砖；或者将砖夹在腋下，单腿跳行击砖。单腿跳行俗称“各蹬着”。这些步（跳）均有专用名称，如前踢、后踢、上拃、下拃、闷子等。打瓦的游戏规则很严格，游戏过程不能踩线，单腿站立弯腰拣砖时另一只脚不能着地，击倒对方砖头时不能叠压等，增加了游戏的难度。违反任何一项，即使全部击倒也无效。

非物质文化遗产

渝河寸跷

发源于满城东渝河村，由宫廷舞演变而来，至今已有两百余年的历史。多扮女装、人数不等，在春节、元宵节等节日中表演。20世纪90年代初，满城县文化馆组织人员深入乡村对这一濒临灭绝的传统项目进行发掘整理，并将其搬上舞台荧屏。

寸跷表演分“踩街”和“打场”两种形式。踩街是列队行进，整齐红火，是寸跷主要表现形式，有单排、双排和多排队列形式，分引子、正戏与尾声。表演内容多为祈祷平安、五谷丰登、节庆祥和等。打场是亦歌亦舞，特点是“舞动乃歌，歌罢更舞”。目前已挖掘抢救二十多段曲目。主要曲目有《小二番》《寡妇律儿》《茉莉花》《打秋千》《摘椒》《小五更儿》《大五更儿》《四景》《玉芙蓉》《大姑娘要陪送》等。1986年，经创新、整理后的寸跷舞蹈在中央电视台播出并获奖。1989年，还拍摄了参加美国国际民俗节的电视专题片《渝河寸跷》，并获河北省民

↑“渝河寸跷”获河北省民俗神龙奖

↑渝河寸跷

俗神龙奖。渝河寸跷被选入保定市首届非物质文化遗产名录。《中国民族民间舞蹈集成》（商务印书馆，1990年版）一书称，“寸跷是河北历史最悠久、艺术形式最完整的载歌载舞表演形式，满城县渝河寸跷的挖掘整理对研究河北农民歌舞具有重要的价值”。在春节、元宵节及农闲季节，百姓自主参加，自置服装道具，自娱自乐。随着时代的发展和农村改革的不断深入，寸跷这一古老的民间舞蹈得到不断改进和提高。通过继承、创新、发展，这一民间艺术具有更加浓郁的艺术内涵、广泛的社会基础、鲜活的时代特色和完美的表演形式，成为农村精神文明和小康文化建设中的一个重要载体。

郎村少林大八步

少林武术的一个分支，19世纪盛行于满城县郎村一带。郎村是远近闻名的“武术之乡”，少林大八步对当时社会秩序、健体强身产生过非常重要的影响。郎村少林大八步起源于志青和志红两个和尚。当时，村民体弱贫病，愚昧落后，胆小怕事，最怕强盗。夜间睡觉，明明知道有人在翻箱倒柜，自己却不敢翻身；明明听见有人在牲口棚里解牲口的缰绳，却只能等强盗牵着牲口出了门以后才敢走出家门大喊“捉贼”。志青、志红帮着村民们打跑了强盗以后，在村民的请求下，留下来教授村民练武，教的武术内容正是“少林大八步”。郎村少林大八步内容丰富，主要有空手套路、器械套路、多人对练套路、野叉棍、擒拿绝招、格斗散打等，既能强身又能防身自卫，是一个非常好的武术形式。主要特征是：野叉棍、枪术采用阴阳把，使用起来灵活多变；讲究手眼身法步，蕴含着精湛的进攻与防御技巧；集刀枪棍棒、斧钺钩叉为一体；集实用性与观赏性于一身，动作时闪展腾挪，灵敏迅速，肢体开阔；健体强身，防身自卫；易学易练，对场地要求不高。

万字灯阵

又称“八卦灯阵”，据传由诸葛亮的八卦阵演化而来，又传由万字演化而来，晚清时期传入本地。主要分布在神星镇的翟家佐、南峪、寺角、魏庄等村，可以扎成一字阵、二字阵或四字阵。一字阵由225盏灯组成，总长度约1公里，另置大灯（俗称神灯）一盏高悬于阵中央，作为“押阵灯”，寓意一年平平安安、风调雨顺、五谷丰登、天下太平。按灯阵路线随音乐在里面走灯阵，俗称“踩灯”，串上霓虹灯以烘托节庆氛围。灯碗为陶瓷（也有用铁片打制）点香油，灯座多是纸扎莲花形，既防风又美观，出入口搭牌

↓ 八卦灯阵

楼，阵中巧设路线，用高粱秆串接，进阵如入迷宫。

一般每年元宵节期间布阵，现场锣鼓喧天，明月高悬，灯火通明，交相辉映。在象征吉祥福瑞的万字灯阵中，大家扶老携幼，你追我赶，称为“跑灯”。灯阵每年都吸引数万名群众前来观赏，游客徜徉于灯火辉煌的山村，沐浴在香气袅袅的氛围，同时可以欣赏锣鼓、舞狮、秧歌等花会表演，祈求健康幸福。晚上八九点钟，锣鼓、舞龙、舞狮、高跷、秧歌等十几里长的花会表演队伍也进入灯阵进行表演。在灯阵外的礼花台上，各种美丽的烟花与明月、灯阵交相辉映，烘托出了“张灯结彩上元夜，火树银花不夜天”的迷人景象。河北电视台、保定电视台等多家媒体及相关网站曾进行报道。

↓ 八卦灯阵点神灯

子午螳螂万花鞭

子午螳螂万花鞭是我国独有的一种活泼的体育健身方法，相传起源于山西，今盛行于满城及保定市竞秀区一带。该项目是由曹恒祥根据流传下来的动作和资料，及时抢救、挖掘和整理，才得以保存。经过五十多年的传承和演练，曹恒祥结合自身特点，创编子午螳螂万花鞭，既保留了传统套路的原汁原味和朴实风格，又在动作美学方面进行修改和补充，利用手法、步法和身法展现其刚柔并济的攻防能力。

子午螳螂万花鞭总体分四个部分，包括回身功法、打虎功法、脱壳功法、啄食功法。它的主要特征是动作舒展紧凑，灵活多变，讲究手眼身法步、精神气力功。它朴实无华，易学易练，无论男女老少都可以练习，深受广大武术爱好者的喜爱。它不但攻防兼备，集实用性与观赏性于一身，对人们的美学情操、修身养性也有很高价值。

方顺桥民间小曲

方顺桥民间小曲属于河北民间小曲，迄今有三百多年的历史，由江浙一带传入本地，再由北方民间文化艺人加以改编，配以乐器演奏，使其逐渐转化为以民间艺人演唱为主的民间音乐艺术表演形式，增强了方顺桥小曲的娱乐性和观赏性。方顺桥民间小曲使用的乐器有唢呐、笙、管子、二胡等，演奏时乐器可作多种组合。方顺桥民间小曲旋律优美动听，朴素自然，乡土味儿浓，唱词文本通俗易懂，具有浓郁的生活气息，十分符合普通百姓的审美，其中也包含着劳动人民质朴的情怀和对美好生活的追求，在它的形成过程中吸收融合了当地众多的其他艺术形式。

李氏形意拳

李氏形意拳以五行拳和十二形拳为基本拳法，其桩法以三体式为基础，单练套路有五行连环、杂式捶、八式拳、四把拳、十二洪锤、出入洞、五行相生、龙虎斗、八字功、上中下八手；对练套路有三手炮、五花炮、安身炮、九套环。器械练习以刀、枪、剑、棍为主，多以三合、六合、连环、三才等命名。李氏形意拳主要分布于保定市及周边各区县以及北京、天津、石家庄等地。传统拳武术协会会长潘友生，自幼酷爱传统武术，成为唯一得到李氏形意拳真传的弟子，曾经在陵山风景区的八卦阵内教学多年。在他的耐心培养下，走出了大批武学人才，在各种武术比赛中获得多种奖项。

杆秤制作

杆秤制作是中国历史悠久的传统手工技艺。清朝时期，在工商经济及交通运输非常发达的北京，手工制作杆秤素有规模。杆秤名匠杨志将精湛的杆秤制作技艺传于儿子杨景洲。1916年杨景洲搬迁到保定，在小集街经营衡器店。1926年吉里仁跟随姑父杨景洲学徒，学成后回满城老家制作杆秤。王江跟随岳父吉里仁学习制作杆秤技艺，从1973年一直坚持制作杆秤，其儿子已掌握杆秤制作技艺。传统杆秤主要选用北方枣木心为主料，坚硬有韧性，秤星不易脱落。工艺流程有刨秤杆、定“叨口”、安“叨子”、包秤箍等程序。

代氏糖画

糖画就是以糖做成的画，亦糖亦画，可观可食，它吸收了皮影、民间剪纸的表现手法和特点，逐渐形成流传至今的线条、刮片和立体糖画。代氏糖画，源于清朝糖画盛行时代。糖画的制作，既尊重传统工艺流程，又敢于创新，形成代氏糖画的特点。它以优质的麦芽糖和白砂糖为原料，水和糖按比例放入锅中文火熬制，轻轻搅动锅底，以免糊底。糖液的温度逐渐升高，水分逐渐减少。糖液开始起大泡了，这时候温度还不够。熬糖的合适温度是色泽稍微变黄，大泡变为小泡就差不多了。当糖完全溶解后就可以绘画了，用小铜勺舀起锅中的糖液，以腕力带动勺子运行，在画板上随意挥洒，再趁热粘上一根竹签，便大功告成。

↑ 代氏糖画

下紫口村哈哈腔

下紫口村哈哈腔已流传一百多年。一百年间，曾先后去易县、徐水县、清苑县演出多场。1969年《一升高粱》曾在满城县会演中获得一等奖。曾代表满城县到涞源县慰问民工得奖而归，代表满城县到龙门水库训口村慰问民工演出，代表满城县到上紫口村慰问驻军。如今，下紫口村青年哈哈腔剧团以坐唱念打的形式出现在舞台上，以文戏为主。剧目有《陈大官上坟》《小姑贤》《卖水》《小王打鸟》《状元与乞丐》等。

西渝河龙须酥

相传，年节时，清雍正皇帝设满汉全席宴请文武百官。当御厨现场制作龙须酥时，雍正皇帝见其手法娴熟，似游龙舞凤，手中糖丝乳黄、纤细，如祥龙之须，遂龙颜大悦，赏赐众嫔妃臣子。制作好的成品因其像极了龙的胡须，得雍正皇帝赐名“龙须酥”，后传入京南直隶省满城县一带，满城人称之为“宫廷龙须酥”。西渝河龙须酥的主要原料为饴糖、蜂蜜、熟黄豆粉等。筛选优质黄豆，研磨成粉。将饴糖浆用大火烧开，加入蜂蜜，用小火慢慢熬制一个小时。熬好的糖膏取出放在不粘垫上，反复揉捏，重复折叠拉制成饼状。再在黄豆粉中反复揉搓，将其中一端翻转呈“∞”字形，重复多次，直至拉成丝状，裹上花生酥等拌好的馅料。宫廷龙须酥色泽乳黄、细丝万缕、层次清晰、营养丰富、入口即化、老少皆宜，是一种极具特色的茶配点心，具有极高的营养价值。

商顺海木工技术

商顺海自幼好习传统木工技术，20世纪60年代末正式拜师学艺，经过五十余年的磨炼，逐渐摸索总结出传统木工的基本技法和要点，自成一派，成为当地有名的木工手艺人，当地就以其名命名木工技术。

树木有粗细之分，也有软硬之别。将所选木材有裂缝的、弯曲变形的、叉花子的地方剔除掉，用墨斗打出黑线来，所需要的地方是有尺寸的（如宽窄、厚薄、长短等），然后用锯锯开待用。用二虎头刨子刨平，技术要点：脚要站稳、挺胸，双手持平，刨出的木料一定要直要平，呈90°。开启儿，用手锯锯出凸出的部分，把两边没用的东西断掉；凿卯儿，是在所需部分凿出孔洞来，是组合构件必需的。咬口是在一平面上的交叉点，去一半、留一半，向不同方向延伸到交会处。组装，把各部位连接起来，时常用角尺量，总之要横平竖直，然后用木板把骨架包装起来。打磨，先用粗砂布、砂纸打磨，再用细砂布、细砂纸打磨，最后是沿着木纹的方向打磨。上漆包括上底色和上本色，上一遍漆，用细砂纸轻轻地打磨一下，等水分干后再上漆，最少要三遍，有的多达七遍，使表面亮如静止的水面，手摸上去有滑润的感觉。

↑ 木匠工具

↓ 墨斗

域内新节日

滑翔伞节

满城陵山属浅丘陵地带，非常适合开展滑翔伞运动。经国家有关部门批准，自1995年4月在满城汉墓景区举办“第七届全国滑翔伞锦标赛”以来，已举办滑翔伞赛事活动十余次。活动期间，举行盛大开幕式，国家有关部委，省、市、县级领导及全国各地运动员、教练员、裁判员参加。有多种文艺形式表演及大型团体操演出，还有民间花会助兴。整个景区现场人山人海，围观群众达10万余人。运动员翱翔蓝天，完成各种高难动作；观众赏心悦目，欢乐开怀。各项赛事结束后，进行颁奖典礼，并举行隆重的闭幕式。满城滑翔伞节促进了区域经济、文化、旅游、体育等事业的繁荣发展。

↑ 满城滑翔伞节

金秋红叶柿子节

满城旧志记载，满邑西北山麓多产柿。满城是国家林业局命名的“中国磨盘柿之乡”。在神星、石井柿子沟一带，每年金秋，红叶满枝头，红柿高高挂，一派繁忙喜庆的场面。自2002年10月开始，每年都在人民广场或柿子沟百年柿林中举行隆重的柿子节开幕式，届时有诗词、书画笔会、文艺演出和各种花会展演。游人在柿子沟观景采摘，吃农家饭，品丰收乐，柿子节受到游客的欢迎。

草莓文化节

满城草莓种植始于20世纪50年代，先是零星小片种植，后来在东马、陉阳驿、段旺一带得到大面积发展。1978年以后，草莓种植发展到全县，形成规模发展。1986年满城被农业部确定为“全国优质草莓生产基地县”。近年来，每年春天，县（区）及知名草莓种植企业都会举办草莓文化节采摘活动，成为城乡居民春游的重要活动之一。

↑ 满城草莓文化节

↓ 满城柿子节

虎头帽

闹傻样

虎字根（荆根）

民间花会

太行奇石——飞来峰

太行奇石——长信宫灯执灯女

满城历来是以粮棉生产为主的农业县，以小麦、玉米、甘薯、谷子、高粱及其他杂粮为主，以棉花、瓜果、蔬菜为辅；林果产品有磨盘柿、苹果、葡萄、杏、李子等。

乡间美食，其实是这块土地历史的味道，是这方山水田园物产油然飘出的味道。在满城，像精心熬煮的白粥系列、贴饼子、轧饸饹、炸茶馃、渣饼子等，无不和本地盛产的玉米、甘薯、谷子、柿子等相关。

桃乡花海

第六章

民间美食 守望乡愁

↓ 柿果丰收

农林土特产品

满城草莓

满城草莓是满城的特产，是满城特色农业的支柱产业。1986年，国家农业部确定满城为“全国优质草莓生产基地县”。2016年，农业部批准对满城草莓实施农产品地理标志登记保护。

↑ 满城草莓红

满城草莓以鲜销为主，鲜果主要销往保定、北京、天津、石家庄等市，还销往内蒙古、山西及东北三省，销售量约为总产量的90%。部分鲜果用于加工，主要加工产品是草莓酱、草莓酒、草莓汁及速冻草莓。全区有保定绿源食品厂、明花食品厂、东马罐头厂、玉川酿酒厂、陉阳驿速冻厂等13个草莓加工企业。其中，明花食品厂生产的草莓酱曾获“轻工业部博览会银质奖”；玉川酿酒厂生产的“壮牌”草莓酒曾获“澳门国际博览会金奖”，并被河北省政府定为“河北省名优果酒”。

满城磨盘柿

满城磨盘柿个大味甜，是磨盘柿的集中产区，栽培历史悠久，明朝万历年间就有记载。磨盘柿具有抗干旱、抗湿涝、耐瘠薄、适应性强、容易管理、结果早、产量高、经济寿命长、高效益等特点，被群众称为“铁杆庄稼”。满城现存百年以上树龄的柿树3万余株，生长结果良好。

满城磨盘柿于1992年获“河北省优质果品奖”，1994年获“全国林业名特优新产品博览会银奖”，1999—2003年连续5年被认定为“北方农副产品暨农业技术交易会名优农产品”，2004年被河北省评为“果王”。2001年，满城被国家林业局命名为“中国磨盘柿之乡”。

↑ 卖柿子的老汉（民国）

红岗山桃

红岗山桃是满城的特色果品，由岗山白芽选育而成，主要分布在神星镇的翟家佐、南峪、寺角、李家佐、石家佐等村。由于红岗山桃个大、着色鲜艳、经济效益高，20世纪90年代栽培面积迅速扩大，产品销往俄罗斯、东南亚等国家和地区，并占领了北京、上海、深圳等地市场。

↓ 红岗山桃

秋天的柿子沟

传统美食

满城山区平原各半，各类食材丰富，造就了风格不同的食品，主要品种有粥、疙瘩汤、馒头、面条、饸饹面、水饭、焖干饭、烙饼、火烧，还有贴饼子、蒸窝窝头、搅苦累、蒸拿糕、摊黄子、菜团子、大饺子、馅包子、豆包、煎饼、黏糕、血糕、渣饼子、蒸菜坨子、炸馃子、蒸卷子、烀山药等。主要传统菜肴有煎鸡蛋、煎腊肉、杂烩菜、蒸米粉肉、炖鸡鱼肘肉、腌豆腐等。各种食材、菜蔬又相互搭配，既有独特风味，又有营养价值。单以人们最喜食的粥为例。满城人管粥叫“白粥”，由玉米粒磨制成糁，再经大火、温火反复熬制而成。往白粥里加菜，叫“菜白粥”；加山药叫“山药白粥”；放入面条，叫“鱼儿钻沙”；用小米熬，叫“小米粥”；用玉米、小米加花生、芝麻、熟杏仁碾碎小火炒制成“茶面”，熬成“茶面粥”。有时熬的粥多了，加白菜叶炒，叫“炒白粥”，白菜清甜的香气和玉米醇厚的味道浑然一体，其味甚佳。

饸饹

饸饹是域内常见的饭食之一。原料是用甘薯（当地人称“山药”）擦成片晒干，再磨成粉。由于薯面脆，不易黏合，需掺加适量带黏度的榆（树）皮面，揉和成茶碗口粗细的柱形，塞入饸饹床（一种专门轧制饸饹面条的工具）口，用力一轧，就从铁孔眼里挤压出一簇簇的饸饹面条，码放在篦帘上，投入滚开的锅中煮熟捞出。饸饹有凉、热两种吃法。凉吃多是放上熟根达、黄瓜丝，依口味加入蒜汁、辣椒汁或腌韭菜花。热吃主要是用打好的菜卤浇着吃。各种时令蔬菜都可做成卤，有特色的是干白菜肉丁打卤，菜肉香气浓郁，香而不腻，滑爽适口。

↑ 饸饹床

炸茶馃

用面粉和柿子汁混在一起和面，偏硬些，然后把面擀成薄片，用刀裁成细条状，可做成各种造型，放入热油锅中炸至金黄即可食用。炸茶馃甜脆可口，老少皆宜。

↑ 炸茶馃

渣饼子

过去乡村人家春节前备用的节日主食之一。因小麦产量少，蒸的馒头也就少，黏糕数量也有限，渣饼子便派上了用场。人们把做豆腐剩下的豆渣与玉米面和在一起，再放些白菜叶、香菜叶，捏成饼状蒸熟，晾干以备不时之用。也可将渣饼子切成条状，用白菜叶炒之，独具风味。

苦累

旧时乡村常备饭食之一，又作“搅苦累”。因粮食紧缺，故加以大半瓜菜。制作时将根达、豆角切碎，放入开水锅中，再倒入适量玉米面。面、菜、水在锅中嘟嘟地开着，要用筷子不停地搅动，使食材充分搅和熟透，直到水熬干为止，熄火用锅盖再捂一下，即可食用。调以醋、盐、香油，味道鲜美清香。

摊黄子

黄子，薄饼形，直径六七寸，域内东部村庄也有叫“奴脑儿”的。原料为小米面，也可掺加玉米面或白面。做法是将原料用水调成糊状，放在热锅台、热炕头上用布盖严醒发一下。把摊黄锅子放在火上烧热，薄擦一层油，用铁勺从面盆舀面糊放入锅中，把面糊摊成薄饼状煎烤至熟即可。

↑ 贴饼子

贴饼子

也称“锅贴”。旧时满城多种玉米，故以玉米面为主料的贴饼子成为主食之一。也有放上蔬菜加盐的，吃起来更有滋味。先在大铁锅里加上熬粥（菜）的水，锅热后即将饼子贴在锅沿上，下面的水熬粥或菜，一锅两吃同时完成，省时省柴。熟后揭下来的饼子一面焦黄松脆。也有将玉米饼子像蒸馒头那样放在锅上蒸熟的，谓之“蒸饼子”。

燕赵老字号

满城手工业的历史悠久，西汉时即设铁官，管理炼铁、铸造及铁业专卖。1949年前，县域内“五匠”（铁、石、木、编、泥）和“四坊”（酱、粉、油、豆腐）较为普遍。20世纪20年代，办起县立第一（纺织）工厂、隆源面粉厂等。家庭手工业包括土纸、土布、豆粉、榨油、机织、砖瓦等，集镇手工业有轧花、铁器、木器、灯笼、印染、酿造等。旧县志载，全县有轧花机千余架，除供本地自用外，多数运往天津，为出口货大宗。

馨冠油坊

馨冠油坊（今称“保定馨冠食品有限公司”），坐落于古侯河源头李铁庄。一百多年前，这里即是通往京、津、保的重要码头和物品交流集散地，香油、芝麻酱也经由侯河运往京、津、保及周边各地销售。

↑ 保定市文联领导授保定馨冠油坊“燕赵老字号”牌匾

馨冠油坊早在清末即在京城开设了油坊。“馨冠”，取“香气芬芳久远，志在夺冠”之意。经五代人传承到20世纪80年代接收李铁庄第七生产队香油坊，成立“保定市满城长永香油加工厂”，2006年增资注册成立“保定馨冠食品有限公司”。现在拥有馨冠、珍醇、靖王、侯河源头等知名商标，生产芝麻油、芝麻酱、花生酱、调味料、腌制酱菜等五大系列两百多个产品。其旗下冠香居与多家中华老字号、名企合作。产品除在国内赢得市场信誉，还远销世界多个国家和地区。

馨冠油坊秉承传统制作工艺与科技创新相结合，不断提升企业文化，坚守良好的社会公德，成为满城众口皆碑的名优企业。

↑ 馨冠香油销往京津保的雕刻（局部）

2019年11月，馨冠油坊被中华老字号文化研究中心、河北省文联、河北省民间文化遗产抢救工程专家委员会评定并颁授“燕赵老字号”匾额和证书，列入省级保护名录项目。

馨冠文化艺术馆成立于2021年，隶属于保定馨冠食品有限公司，是企业文化升级、弘扬优秀传统文化的展示平台。该馆复原了农耕文明时代的生产、生活场景，尤其是老油坊传统榨油的工艺流程，以及馨冠油坊从小到大的发展历史。同时展示了近百年间的生产、生活用具等老物件，以及众多的地方文化史料。馆内常年举办各类优秀传统文化、民间艺术展演活动。

继兴肉肠

继兴肉肠是满城具有独特传统工艺和口味的猪肉制品。今盛行于李家佐村一带。继兴肉肠就是从李家佐大肠承袭而来，其以现宰杀猪大肠为主要原料，辅以精瘦猪腿肉，加以百年古方的天然佐料，经十几道手工工艺制作而成，表皮油亮诱人，肉质香鲜可口，回味无穷。

继兴肉肠始于清朝末年，为李家佐村王氏家族首创。其历史渊源可追溯到数百年前，古人特别注重饮食养生，发明灌制了一种以猪肠皮、猪肉、淀粉和蔬菜等为原料，辅以天然佐料，色香味兼具且极有营养的猪肠肉制品，到了清朝末期开始流行于李家佐村一带。由民间厨师王老养开始，到20世纪70年代末，第四代传人王兴沿袭百年传统工艺，灌制出了肉质鲜嫩、滑脆爽口、汁香味浓的猪肉大肠，非常适合当时人们口味，一度成为保定西部广有知名度的地方风味产品。《保定市报》、保定电视台、《河北日报》均有专题报道。后又经过进一步改进，推出了以继兴大肠为主的熟食肉制品系列产品，肉质鲜美、味道可口、安全绿色，已经成为当地独树一帜的地方特色风味熟肉制品，深受百姓欢迎和喜爱。

↑ 满城继兴肉肠列入“燕赵老字号”保护名录项目

↑ 满城继兴肉肠“燕赵老字号”牌匾

2019年11月，继兴肉肠被中华老字号文化研究中心、河北省文联、河北省民间文化遗产抢救工程专家委员会评定并颁授“燕赵老字号”匾额和证书，列入省级保护名录项目。

结语

千年古邑，新区满城。跨入新时代的保定市满城区，既年轻，又古老。古老自不必说，年轻则是说它刚刚由一个千年古邑跻身于大保定城区发展的大格局，置身于京津冀协同发展、雄安新区稳健发展的大环境圈内，因而满城区的前景，强劲和跨越式发展将成为它的主旋律。一如满城的版图，像一位蕴满青春活力的舞者，挥动双臂，奋力前行。

2018年10月落成的复兴公园，位于满城城区东南一侧，紧邻自保定主城区一路坦荡而来的复兴路，因而得名“复兴公园”。

复兴公园总占地面积245亩，绿化面积214亩。按照“绿色”“生态”设计理念，利用原有地形，重点实施了绿化、水体、假山、广场、园路、母婴室、木栈道、停车场、公厕、健身等设施建设，是满城区功能最全、规模最大的开放式公园。

复兴公园填补了满城没有大型综合性公园的空白，完善了城市功能，提升了城市品质，为满城新增了一座“城市绿肺”，为广大市民提供了休闲健身的好去处，极大地普惠了民生福祉，提高了市民获得感和幸福指数。同时，该公园还是学习宣传宪法的重要阵地。公园将主题鲜明、内容丰富、图文并茂的宪法知识融入群众生活，化有形的载体为无形的熏陶，让市民在休闲娱乐的同时，潜移默化地领略法治文化，感受宪法精神。

沿着复兴路继续前行，便进入有“北方苏州园林”之称的秀兰文化园。复兴路再西延即进入“柿子沟原生态民俗文化景区”。2017年以来，在柿子沟内修建了平坦的道路和基础设施，增建了

“借山而居”系列民宿、图书馆、农耕文化博物馆。民艺图书馆共有三层，宽敞明亮，摆满各类农业实用科技图书、经典名著、少儿书刊和地方文化书籍，同时在许多空间展示着农耕时代使用的各种老物件，让城乡游客、读者各得其所，在游玩的同时学习知识，追忆乡愁，体现着优秀传统文化与时代文化相互交融的图景。

↑ 借山而居民艺图书馆

当今满城区，全力架构“一城四星”（中心城区，漕河科创小镇、轨道交通小镇、通用航空小镇、生态休闲小镇）全域城市建设空间格局，确立了“一中心、五组团”（城市智慧中心区，老城区

↓ 复兴路上

秀兰文化园

↑ 柿子沟引水桥

↑ 未央古镇夜景

↑ 复兴公园

更新改造组团、文体教育组团、商务研发组团、承接雄安生态居住组团、生态文化休闲组团）中心城区建设模块，并提出按照“分区分步，有序推进”的思路，分期实现2025年、2030年、2035年三个阶段全域新型城镇化建设目标。

满城自古以来就既有山的灵动，又兼有水的韵律，“满城古八景”之一的“渝水伏流”即为最好的例证。立足于全面改善城市环境，切实提升市民幸福感和获得感，满城区按照“治水、用水、活水”的思路，全面做好、做足、做优水的文章。在全市率先实现城区（县城）雨污分流全覆盖，大幅提高了雨水收集率、污水处理率。利用南水北调生态补水政策，创新思路优化补水路径，实施“江水润城”工程。随形就势打造城市水系、建设滨河公园文脉节点，形成“滨河晓月”“华庭春芳”“学府秋韵”等“满城新八景”。

以“打造城市新地标、完善城市新功能”为目标，全面启动博物馆、规划馆、图书馆、档案馆、体育馆、文化馆和市民中心的“六馆一中心”综合体建设，建成具有满城特色、城市特点、现代特质的城市建设新地标。博物馆集中展示城市的历史记忆，标定城市变迁的缩影，回味“我们从哪里来”的历史。规划馆多角度展现城市发展的未来蓝图，打造现代气质的展示平台和交流窗口，展望“我们向哪里去”的方向。图书馆满足群众日益增长的文化需求，打造高品质、全业态、多功能的城市阅读空间，营造“满城书香”的新氛围。档案馆建设经济发展的信息库、城市变迁的记录仪、城市管理的参谋部，刻画“满城记忆”的新符号。体育馆顺应全民追求运动和健康的新潮流，打造集训练、体育、竞赛、会展、演出于一体的全民健身活动基地，形成“满城运动”的新风尚。文化馆搭建群众文化活动新舞台，打造一批特色文化团队，创新整理推出一批特色的文化节目，展示“满城文化”的新内涵。市民中心建设集政务服务、便民服务、会议会务、市民活动等功能为一体的大型综合性服务民生的新平台。与此同时，着力塑造千年古邑、山城一体、灵动时尚的城市风貌，依托满城汉墓景区得天独厚的历史文化和自然资源优势，将汉墓景点、未央古镇打造成为集历史文化、休闲度假、观光采摘、文化体验、休闲娱乐等为一体的汉文化主题旅游景区。

未来之满城，秉承紧随时代发展的理念，传承历史文化，全力推进新型城镇化发展格局，开启城中有山、山中有城、山城交融的新篇章，塑造千年古邑、文化为脉、灵动时尚的城市风韵。

未来满城，一城山水。满城文化，既有绿水青山，还有诗和远方。

中国石油

中国石油

图书在版编目（CIP）数据

中国历史文化名城．河北满城 / 中国民间文艺家协会组织编写；潘鲁生，邱运华总主编．—北京：知识产权出版社，2022.10
（中国历史文化名城·名镇·名村丛书）
ISBN 978-7-5130-8295-2

Ⅰ．①中… Ⅱ．①中… ②潘… ③邱… Ⅲ．①满城县—概况 Ⅳ．① K928.5

中国版本图书馆CIP数据核字（2022）第147221号

责任编辑： 宋　云　王颖超　　**责任校对：** 王　岩
装帧设计： 研美文化　　**责任印制：** 刘译文

中国历史文化名城·名镇·名村丛书
中国历史文化名城·河北满城
中国民间文艺家协会　组织编写
总 主 编　潘鲁生　邱运华
本卷主编　浩　渺

出版发行： 知识产权出版社有限责任公司　　**网　　址：** http：//www.ipph.cn
社　　址： 北京市海淀区气象路 50 号院　　**邮　　编：** 100081
责编电话： 010−82000860 转 8655　　**责编邮箱：** wangyingchao@cnipr.com
发行电话： 010−82000860 转 8101/8102　　**发行传真：** 010−82000893/82005070/82000270
印　　刷： 天津市银博印刷集团有限公司　　**经　　销：** 新华书店、各大网上书店及相关专业书店
开　　本： 720mm×1000mm　1/16　　**印　　张：** 12.5
版　　次： 2022 年 10 月第 1 版　　**印　　次：** 2022 年 10 月第 1 次印刷
字　　数： 150 千字　　**定　　价：** 80.00 元

ISBN 978-7-5130-8295-2

出版权专有　侵权必究
如有印装质量问题，本社负责调换。